# 纸上的作文直播课

包君成◎著

**图书在版编目（CIP）数据**

纸上的作文直播课 / 包君成著. --北京：中国书籍出版社，2022.1
ISBN 978-7-5068-8859-2

Ⅰ. ①纸… Ⅱ. ①包… Ⅲ. ①作文课—中小学—教学参考资料 Ⅳ. ①G634.343

中国版本图书馆CIP数据核字（2021）第255413号

**纸上的作文直播课**

包君成　著

**责任编辑**　王星舒
**责任印制**　孙马飞　马　芝
**封面设计**　中尚图
**出版发行**　中国书籍出版社
**地　　址**　北京市丰台区三路居路 97 号（邮编：100073）
**电　　话**　（010）52257143（总编室）（010）52257140（发行部）
**电子邮箱**　eo@chinabp.com.cn
**经　　销**　全国新华书店
**印　　刷**　天津中印联印务有限公司
**开　　本**　710 毫米 × 1000 毫米　1/16
**字　　数**　205千字
**印　　张**　15.5
**版　　次**　2022 年 1 月第 1 版　2022 年 7 月第 2 次印刷
**书　　号**　ISBN 978-7-5068-8859-2
**定　　价**　98.00 元

# 导读

## 这是一本“没有逻辑”的作文书

一直以来，我想写一本看似“没有逻辑”的作文书。为什么？

因为我看过太多“逻辑太强”的作文书，从目录开始，所有的安排都是“有条不紊”，所有的环节都“七平八稳”。可是，我发现这样的书孩子们根本不爱看。

可是，作文书没有“逻辑”怎么行呢？当然不行。

那能不能把“逻辑”从显性变成隐性呢？可以试试。

有参考物吗？有。

是什么？《论语》。

啊！我恍然。

是啊，《论语》记载的都是对话，看似很散、很乱、很跳跃，但仔细研究会发现，其中贯穿着一条“儒家”的逻辑线。通过阅读这些或正经或不正经的对话，我们就明白了，哦，原来孔子想说的是这些啊；哦，原来儒家思想是这样的啊；哦，原来这才是教学啊！

于是，我也想象充当一回“孔子”。

于是，我也想象了几个学生。

他们不叫颜回，不叫冉求。他们叫：冬梅、西梅、翱忑梅。

啊！这是什么操作！我自己也被吓到了！

不过，结果还不错！

这也许是一本孩子们爱读的作文书，也许是一本让大人们找回童年感受的作文书。

就说到这里吧，我想说的已经说完了。

# 作文课，开课啦

同学们好，中国古代姓庄的叫庄子，姓孙的叫孙子，我姓包，所以大家叫我包子。你可以喊我“包子老师”，也可以直接喊“包子”，反正我们都是朋友。

为作文而头疼，分为以下几种情况：

第一种：完全不会写，想了很久也想不出来，直接崩溃！

第二种：偶尔有灵感，写着写着就写不下去了，感觉自己语言文字好贫乏……

第三种：有时候随便写一篇作文，被老师表扬了；有时候很认真地写，且自我感觉良好，然而为什么没有被老师表扬？

第四种：想要把自己的作文改得更好，但不知从何下手。

第五种：看到别人的文章好有想法，好有创意，自己想写而写不出来——

……

你遇到过类似的情况吗？你是怎么思考这些问题的？你又是怎么做的呢？

一篇好的作文由以下几个部分组成：立意、素材、结构、语言。

立意，就是你的想法，你想写什么主题、什么中心、什么思想。同样是作文题“美好”，有人想写大自然的美好，有人想写家庭的幸福美好，有人想写读书的美好，还有人想写追梦之路的美好。这就是立意的区别。

素材，就是你的故事。同样写大自然的美好，你准备写四季更迭还是写梅、兰、竹、菊？同样是追逐梦想，你是写成为科技小能手还是文艺小标兵？这就是素材的区别。

结构，就是你的文章框架。顺叙？倒叙？插叙？分叙？先叙事后抒情？先写景后议论？等等，这些都是结构的区别。

语言，就是你的文字表达。千万不要误解，这里的“语言”不是人物说的话，而是文章中文字的行文表达。优美的？质朴的？幽默的？精炼的？通俗的？这些都是语言表达的区别。

要写好作文，就得从以上四个方面入手。

好了，我相信大家能理解上文所说的，但问题是，我们怎么才能做到呢？根据多年的教学经验，我认为“模仿”（也有人称之为“仿效”）是一个根本的解决之道。

比如立意，看到别人的想法很好，我借鉴一下，这是一种模仿；比如素材，看到别人的故事很好，我也来写一写，这是一种模仿；比如结构，

看到别人的框架好有趣，我也用一用，这是一种模仿；比如语言，看到好词好句，我抄下来拿去用，这也是一种模仿。

为什么是模仿而不是别的途径？

因为文学创作本质上是一种艺术，而艺术的学习都必须模仿。写书法，模仿；画画，模仿；唱歌，模仿……所有艺术的学习几乎都是模仿之后的再创造。对于我们青少年而言，只有先走好“模仿”这条路，才有可能在未来实现更大的突破。

本书里的作文，是我教学十几年以来，在长期的实践当中大浪淘沙般筛选出来的“精华文”。这些文章基本都是我为了教学而专门写的。它们不同于一般的“优秀作文”，因为浓缩了更多的写作思想和方法，它们也不同于一般的“作家名篇”，因为是针对青少年而专门创作的。

同时，本书文章的编排是按照青少年容易接受的“对话体”方式进行的，每一章每一节之间都有其“隐含”的逻辑，尽管表面上看似乎有点散乱。因为我总是认为，行文的逻辑是需要潜移默化教给孩子的，而不是只写在纸面上的。

翻开下一页，会遇见我们熟悉的朋友——

目录
Contents

# 第一章 冬梅同学的各种提问

001

## 第二章 西梅同学的思考

## 第三章 翙忑梅从M79星云来了

125

## 尾声 翱忑梅留给大家的礼物

# 冬梅同学的各种提问

第一章

一个问题

是一粒种子

在思索的东风里发芽

在探求的土壤中生长

直到——

这世界被浓绿浸透

又被鲜妍铺满

哦

那便是我的回答

# 为啥我觉得自己写不出来

- 让初心回家
- 自己决定
- 读书感悟
- 病毒给人类的一封信
- 游莫尼山

# 1 让初心回家

那个清晨，那份初心似乎又找到了家——

凝视，那宣纸上古朴的纹理氤氲着熟悉的味道；凝神，回忆着那些技巧，白描、罩染、皴擦；凝思，“有女同车，颜如舜华”，一遍遍品味着木槿的气韵，一遍遍琢磨着木槿的特质。微风拂熙，旭日临窗，我眉头微蹙，轻抿嘴唇，左手轻轻按住砚台，右手拿起久违的那支紫毫，回忆随着那笔管上似乎还留着的往日的余温渐渐散开……

初见工笔，我便被它的美震撼了。细腻的线条，精致的画面，那花和叶仿佛能滴出娇嫩的水来，那鸟和鱼仿佛能跃出纸面。“我要学工笔！”那一刻，那份初心，火热而美好。

眼前，笔尖在纸上游走的感觉还是那样熟悉，微微的酸胀感从手臂传来，却并不影响我继续投入我的画作。白描讲究一气呵成却又不能急躁，线随腕动，或悬腕于空，或附肘于桌，短线求精，长线求净，线条都需要力感与美感。顿——挫——转——折——。终于，花的轮廓完成了。再用小羊毫沾染一点浅绛，染于花尖，那是一朵将红未红、待香未香、欲开未开的木槿，它微微低头，似是不胜凉风的娇羞。细细的颤抖从指间传来，像一道温柔的闪电迅速传遍全身，那一刻我再次体会到了工笔画的快乐。我不禁莞尔，记忆又回到曾经的那一刻……

难道线条不够精致吗？难道画面不够细腻吗？为什么？绘画比赛失利的场景浮现在眼前。看着自认为满意的画作，眼眶泛酸。望向窗外，落日的余晖褪出了晚霞的最后一抹酡红。那一刻，那份初心似乎渐行渐远……

幸好，我再次拿起笔，再次与那份初心相遇。

“立志欲坚不欲锐，成功在久不在速。”与工笔相伴的日子漫长而辛苦，执着又幸福。那些日子，汗水与晨光相伴，却浸染出梦的味道；那些日子，疲惫与暮色相随，却勾勒出梦的轮廓；在我看来，那不仅仅是一次次的临摹，更是一次次的反省，看着宣纸上的画面越来越美，我的心湖也浮漾起圈圈的涟漪。

初心已归，真好！

**冬梅同学：**开头这么短吗？必须这么短吗？可以长一点吗？（内心戏：开头多凑点字，超级怕字数不足）

**包子老师：**开头不是用来凑字的。（一眼看穿冬梅的小心思）考试总共几百字，开头太长了必定会影响整体详略安排。记住，开头太长，等于“社死”。

**冬梅同学：**看起来好有文化的样子啊！

**包子老师：**所以，平时的爱好要广泛，文化素养要从小培养，不要天天只会刷题，不然永远写不出有文化感的作文。（一本正经，略显严肃）当然，这段文字也是有写作方法的。（露出慈母般的微笑）第一步，把自己兴趣爱好中的专业词汇提取出来，比如这里的“罩染”“皴擦”；第二步，准备一些写作经常可以用到的优美词汇，如“氤氲”“微醺”，当然也别用太多，不然显得太花里胡哨了；第三步，用一点排比句增加整体感，用一点四字词，如“微风拂熙”“旭日临窗”点缀一下，整个文章就开始有气质了。

**冬梅同学：**这是一段插叙。我能看出别人作文里的插叙，但自己一写作文就忘了。

**包子老师：**是这样的，不但你冬梅如此，西梅、蜡梅、话梅同学也都如此。（叹一口气）每次写作文，全班用插叙的同学不到五分之一。（露出诡异的笑容）所以你懂的……

**冬梅同学：**“似是不胜凉风的娇羞”，我好喜欢这一句啊！

**包子老师：**有品位！这是化用了徐志摩的《沙扬娜拉》。

**冬梅同学：**啊！又来插叙，还可以这么操作吗？！

**包子老师：**没想到吧，在文章要结束的时候来一个“遭遇困难”情节的插叙。其实，大部分同学都是把“遭遇困难”的情节放在文章开头写，这个文章就突破了大家的惯性思维呢，哈哈哈，是不是很厉害！（内心略略有点自恋）

**冬梅同学：**“立志欲坚不欲锐，成功在久不在速”这句古诗词好棒啊，赶紧记下来！

**包子老师：**是啊，大家写作文，只要一写励志就是“梅花香自苦寒来”，或者是“功夫不负有心人”，你知道吗，教学十几年，每年都会看到几百篇作文引用“功夫不负有心人”，我也很无语啊！所以，还是多多积累古诗词吧，要写好作文，不仅仅是技巧的问题呢。

**冬梅同学：**我喜欢这种结尾，感觉好利索！

**包子老师：**得我真传！（内心小小得意）

# 2 自己决定

“爸，您能帮我出出主意吗？”

“自己决定！”

“……”

我用沉默来对抗他的“无情”，心理却暗自较上了劲。市艺术节开幕在即，我需要一件参赛作品。而身为美术老师的爸爸没给我任何建议。踌躇之际，余光划过墙上的挂历，是敦煌壁画的照片。壁画？壁画！虽然不能用壁画参加比赛，但我可以画“石画”啊，异曲同工，妙哉！找好石块，铺开颜料，动工。

意料之中的灵感，意料之外的失败。从小学习绘画的我，有熟练的笔法，但迟迟画不出美感。要不要换个作品形式？我又想向父亲求助。尽管——然而——不！这次我要自己决定。

眼前，石头上的纹理引起了我的注意。我突然意识到，原来是我没有按照石头的纹理进行创作。细思，恍然。嘴角扬起，我再次钻进画里。

温煦的光从小灯下溢出，幽微地，皴在旧墙上。我知道，指尖的艺术就要在这昏黄里晕开了。这一笔轻劈过去，似重非轻之间甩出扁舟一叶。随即，又细细地、缓缓地牵回笔锋，几个小小的颤笔，勾出若有若无的水波，这里用的是淡墨。最后，顺势往下铺开几笔浓墨，“河中”的磐石就立住了。我的神情？毋庸说，是专注的，但我想彼时彼刻只用专注形容还不够。那时我的神都聚在了手里的石头上，像是望着极远极远的远处，又像是盯着极近极近的近处，瘦瘦的肩挑着宽大的衣服，微蹙的眉压着一轻一重的呼吸，额头的汗水沁出，微微的颤抖从手臂传来。停笔，收墨。回头看看自己的影子，一会儿厚一会儿薄，就好像笔下亦轻亦重的墨，斜斜地，打在旧墙上，收在了夜的静谧里。

成了！石头的横纹恰好被描绘成清波，而原本难看的黑斑被顺利地改造成一块磐石，旁边的一叶轻舟与石块的自然凹凸相呼应，被描绘成载浮载沉的样貌。大量的留白献给石头本身，寥寥几笔只需要点画最核心的要素。没有复杂的技法，没有绚烂的颜色，只是顺势而为。

“想好了吗？”

“想好了！我的作品叫一苇寒江！”

**冬梅同学：**我又来啦，包子老师！你先别说，让我说。这个开头用三句对话，特别是最后一句，直接用省略号，感觉好棒啊！这种操作，我在很多名著里都见过！

**包子老师：**冬梅最近读书不少啊！你注意到了吗？三句对话用了三个不同的标点符号哦！（看到冬梅使劲点头，包子老师露出了姨母般的笑容）

**冬梅同学：**"壁画？壁画！"我又看到了标点符号的妙用！

**包子老师：**……（继续会心微笑）

**冬梅同学：**"尽管——然而——不！"这是什么神操作？

**包子老师：**用关联词加破折号，可以极其巧妙地表达内心的犹豫、思考、不解等。这样写作，不但简洁而且极其有新意。其实这是从一个著名的波兰女诗人维斯拉瓦·辛波斯卡那里学到的方法哦，那首诗的名字叫作《可能》，有兴趣的话可以去找一找。

**冬梅同学：**"像是望着极远极远的远处，又像是盯着极近极近的近处"，怎么会有这样充满哲理又艺术感满满的表达啊！

**包子老师：**这句话是著名作家阿城的《棋王》中的原句哦！所以，看书的时候一定要注意细节，大家都知道要多阅读，可往往不知道如何"阅"以致用。

**冬梅同学：**这个结尾我也好喜欢啊，和开头相呼应呢！

**包子老师：**不仅如此哦，"一苇寒江"是化用了著名的佛教故事"一苇渡江"，所以，好的文章不仅仅是文字的装饰，更是思想性的渗透呢！别着急，跟着包子老师，不但让你提升文学素养，还让你"阅"以致用哦！（无耻地为自己打个小广告）

# 3 读书感悟

开卷有益，读书当有“静”“净”“境”。

## 享受文学之“静”

走进文学之书，享受不可多得的精神之“静”。当阳光安静地洒在《诗经》之上，当“桃之夭夭”盛开在你的眼前，你是否应该静下心来细细品味那亘古的韵味呢？当“杨柳依依”在你眼前徐徐展开，你是否还会感到烦闷和孤独呢？诗经的声音渐渐远去，乐府的音乐渐渐传来。“皑如山上雪，皎若云间月”，卓文君的《白头吟》带你走进那个迤逦的文学世界，让你的灵魂不再辗转，让你的思绪不再杂乱。“他家但愿富贵，贱妾与君共哺糜”，多么深情的话语，多么感人的故事，氤氲在书的天地中。唐诗、宋词、元曲……太多太多的文字，给你“静”能量。

## 珍惜历史之“净”

走进历史之书，珍惜来之不易的和平之“净”。长平之战、赤壁之战、安史之乱……当你走进一段段历史，那些纷乱和厮杀，是不是让你更加珍惜现在的和平生活？在分分合合的年代，多少老百姓流离失所，多少骨肉四海离散！“采薇采薇，薇亦作止。曰归曰归，岁亦莫止”，那个苦行的战士仿佛仍在身旁；“拔剑东门去，舍中儿母牵衣啼”，那持剑而去的悲壮似在耳畔；“时难年荒世业空，弟兄羁旅各西东”，乐天的描述似乎犹在眼前。当下的我们，虽处疫情的阴影，但有那么多的逆行者舍小家为大家，难道我们不应该更加珍惜这个来之不易的和平“净”世吗？

## 品味生命之“境”

走进哲学之书，思索奇妙无穷的生命之“境”。这个世界到底是什么？我们到底是什么？一个又一个的哲学大哉问困扰着我们，却也启发着我们。从苏格拉底到康德，从孔夫子到王阳明，哲学带领我们重新思考宇宙和生命的意义。现在，正是我们反思的好时机，正是走进那个玄妙的哲学世界的好时机。康德的墓碑中有这样一句铭文：“有两种东西，我们愈是时常反复地思索，它们就愈是给人的心灵灌注了时时翻新，有加无已的赞叹和敬畏——头顶的星空和心中的道德法则。”当我们仰望星空，当我们关注脚下，我们的精神世界会变得丰满。

走进书卷，陶冶心性，锻造人格，启发思维，又何妨？

**冬梅同学：**写得挺好，就是觉得自己写不出来。

**包子老师：**这段话就是从文学的角度展开，选取自己熟悉的诗词进行解读，中国文学史浩瀚几千年，挑选几句诗歌应该难度不高哦！只是，挑选的时候不要老挑选“烂大街”的诗句就好了。（瞥见冬梅开始疯狂地翻阅读书笔记）

**冬梅同学：**看到“净”，我以为会写“净化心灵”。

**包子老师：**哈哈，我猜很多人都是跟你的想法一样。没想到是珍惜和平的主题吧？历史和文学分不开，历史课和语文课同样重要哦！

**冬梅同学：**哲学？什么是哲学？我感觉自己完全不在行啊？

**包子老师：**哲学就是对世界、对生命的思考。大家在平时的学习中是不是忽视了哲学的学习呢？“文史哲”不分家，哲学思考的提升是一个人素养的体现，也是好文章的绝杀之术。平时学习中，多多关注“西方哲学史”和“中国哲学史”吧。

# 4 病毒给人类的一封信

亲爱的人类：

你们好！我是病毒。在洪荒的宇宙当中，在无涯的时间里，身为病毒的我们亿万年来一直栖身于各种生命体。2020年，我们家族的一员——新冠病毒伤害了你们人类，首先我代表病毒家族向你们道歉。然而，你们要明白，你们不应该把罪过全部归咎于我们，真正要反思的是你们自己。

人类，请反思，你们是否常常妄自尊大？工业革命以后，你们人类的科学技术不断发展，上能飞天、下能入地，于是你们把自己称作世界的主宰，于是你们肆意地改造着自然。几百年来，那么多惨痛的教训——黑死病、水俣病、核泄漏……都没能唤醒你们。这次全球蔓延的疫情，难道不是又一次警钟吗？人类啊，你们曾经对大自然的虔诚去了哪里？你们曾经对大自然的敬畏去了哪里？为什么我看到的是钢铁世界中的无知？

人类，请反思，你们是否还在画地为牢？你们愚蠢地给自己划出各种界限，这是你的，这是我的，可是一场疫情再次打破了你们的认知吧！你们还没有意识到吗？你们是一个共同体，不分阶级、不分肤色、不分民族，你们应该战斗在一起。

人类，请反思，你们是否忘记了最珍贵的东西？你们的世界似乎是物质至上的，珠宝、黄金、金钱似乎是你们最崇拜的东西。可是，当疫情来临你们才突然醒悟过来，原来阳光、绿水、洁净的空气才是你们最应该珍视的宝藏。你们的世界似乎是忙碌的，工作、晋升、交际似乎让你们乐此不疲。而当疫情来临，你们才明白，原来家才是最好的港湾，原来健康才是人生最大的财富。你们真的懂得该珍惜什么了吗？

人类，请反思，生命苦短，什么是你们应该做的最重要的事情？请反思，世界纷繁，你们是否真的用好了你们手中的自由之帆？人类，请反思，假如灾难再次来临，你们还会不会像如今一样惊慌失措？

共勉！

病毒家族一员

2020年×月×日

**冬梅同学：**这个切入角度好新颖啊，我喜欢！

**包子老师：**用“拟人”的手法，在大自然或者人类生活中选择一样东西来跟人类对话，是一种很有新意的写作方式哦。悄悄告诉你，尤其适合参加征文比赛，大大提高得奖概率。

**冬梅同学：**为啥我感觉病毒说得还挺有道理……

**包子老师：**哈哈，这篇文章通过病毒的视角来“痛骂”人类，有没有一点“鲁迅”的味道？（冬梅似乎还沉浸在自我反思中，完全没听到包子老师说啥）

**冬梅同学：**我感觉越写越“社会”了。

**包子老师：**从对自然破坏的反思转到对人类社会的反思，这样，文章的条理就很清晰了。写“书信体”的最大难点就是文章的思路，很多同学都是想起来写啥就写啥，忽略整体性安排。

**冬梅同学：**我有个发现，每一部分的开头都是“人类，请反思”，结尾都是一个问句。（感觉很得意）

**包子老师：**嗯！特别棒！（其实在此之前，很多同学都发现了。为了鼓励冬梅，包子老师还是露出了会心的微笑）冬梅是最最棒的！

（受到表扬的冬梅开心得像个宝宝）

**冬梅同学：**结尾铿锵有力！

**包子老师：**排比句的力量！

# 5 游莫尼山

“风吹过青草连绵，莫尼山矗立在眼前。”初听这个草原味的歌，我便心生向往。我想象着，那高入云端的身躯，撑起了草原的，到底是怎样一幅光景？

终于——

今年假期，全家有机会驱车前往。一路上，景色有点单调和荒芜，灼得眼睛有些生疼。向导指着前方地平线处：“那就是莫尼山了。”我睁大了眼睛，看着天地交界处的山体，褐黄中带着一些微绿。“很多人慕名而来，但失望而归。”向导补充道。失望？我有些惊讶。果然如他所说，当车子停在山脚的时候，我的确失望了。我想象中的美好似乎和眼前的冰冷巍峨对不上号。“既然来了，咱们应该登上山顶看一看。”父亲招呼我，“走！也许山顶的风景不一样。”带着些许犹豫，我仍跟着父亲的步伐。一路上，偶尔有几声单调的鸟叫，偶尔有几块冷峻的岩石。向导在前，我们在后，一路缄默。

“到了！”父亲喊了一声，惊醒了我。山顶的风微凉，我裹了裹外衣，举目眺望。

突然，我被震惊了！

我完全未曾预料到，视界竟可以如此开阔，视线竟可以如此辽远！圹埌的高原无尽地伸向天地交汇处，像一首诗，唱响在蒙古高原，似乎有尽头又似乎没有尽头，还像一阵鼓，敲进了我的心扉，似乎无声却又似有声。收回目光，一条宽大的河赫然在目！“那是黄河。”向导说得很平静。而我却不能平静了：黄河？黄河！我未曾想，莫尼山的脚下竟然是黄河！这条承载着华夏文明的河啊，就在我的脚下，如此近又如此远。向导还讲起了莫尼山地区的故事，这里曾是赵国的战场，这里还留有赵国的长城……我细细听着，听着，思绪翻腾，心潮汹涌。我沉浸在壮阔中，我也沉浸在莫尼山那些绮丽的故事里，久久，久久，不能平静。

下山的那一刻，我突然有了一些不一样的感悟：我原是循着美好而来的，可中途却也险些以失望告终，但最后，美好却又不经意间回来了。

世界上又有多少事都是如此呢？是的，心存美好，美好便会以另一种方式而回归的吧！

**冬梅同学：**老师，我好像也听过一首歌叫《莫尼山》。

**包子老师：**嗯嗯嗯！（包子老师略略尴尬，其实老师就是因为这首歌产生的创作灵感，被冬梅无意间一语道破）

**冬梅同学：**老师，文章写出了我的心声。每次出去旅游，对“网红”景点充满期待，可真的到那里才发现，现实和想象差距好大啊！

**包子老师：**是啊！我也经常遇到这个情况。所以说，写作也需要勇敢地表达自己的真实想法，不是每次写游记都是要把景点“吹”得天花乱坠，也不是每次游玩都是会遇到美景的。

**冬梅同学：**我发现，如果景色不美，反而更考验写作功力呢！

**包子老师：**对头，从看起来“不美”的景色中发现“美”，这才是层次更高的作品呢。所以，今天的范文是不是给了你写游记很多的启发呢？

**冬梅同学：**我来总结一下今天的文章吧。写游记不一定要写所谓的“美景”。

**包子老师：**总结得精辟！（不自觉地尬歌起来：风吹过，青草连绵……）

自由笔记区

# 慢慢懂了

# 6 秋的况味

树树秋声，山山寒色，又一秋。

自宋玉于《九辩》中留下“悲哉，秋之为气也！”的名句后，悲，就成了秋的一种色调，一种情。杜子美“万里悲秋常作客，百年多病独登台”更是把愁绪推到极致。如果一个人常年在外，忽逢秋叶飘零，联想生命的无常，辗转的人生，满腔愁绪便会劈空而来。于是，秋，便在一页页枯色的纸张里，被那缕缕的哀怨、愁绪，熏得迷迷离离。愁也就成了“心”上之“秋”了。

然而，青莲居士的那一句“我觉秋兴逸，谁言秋兴悲”，秋高气爽、宜人秋色直入笔底，我们从秋山秋水中，领悟到了秋天的逸兴遄飞。是啊，秋天不也是炽烈的、喧闹的、跳动的吗？愈是接近秋与冬的交界处，生命愈是顽强地表现自己，竭力要在大自然的美景里面挤进或者留下自己的一滴颜色、一种声音或一份韵味。无独有偶，刘梦得也曾在秋日吟出那一句：“晴空一鹤排云上，便引诗情到碧霄。”在天高云淡时，一只白鹤一声长啸冲天而起，飞入云霄，这该是一种多么壮丽和引人奋发向上的场景啊！在万物枯萎的时候，诗人独具慧眼，发现了一个奋发的生命。在他眼里，秋天要比欣欣向荣、艳丽迷人的春天好。尽管当时他正面临着官场失意，但他却一反过去文人的悲秋传统，高呼“自古逢秋悲寂寥，我言秋日胜春朝”，以最大的热情讴歌了秋天的美好。

其实，有什么样的心境就有什么样的秋天。我们为何不能在生活中练就这样一双慧眼，看到生活积极的一面呢？我们为何不能在成长路上守住秋天，用积极而进取的心态守住那充满人生质感的光阴？然后，我们带着希望，怀着热情，携着梦想，向明天迈进，唱响昂扬的秋之赞歌。那么，我们的身后留下的，必定是一串串坚实的足迹。

秋意渐浓，诗情愈烈，好一秋。

**冬梅同学：**嘿！又是简单霸气的开头！

**包子老师：**嘿嘿嘿嘿！

**冬梅同学：**我好喜欢这句“愁也就成了‘心’上之‘秋’了”。

**包子老师：**“拆字法”哦。这一招在文学领域中经常用到呢。比如武侠小说大家金庸先生，原名“查良镛”，就是把“镛”字拆成两个字。

**冬梅同学：**老师，你知道吗，我已经猜到了这里要有转折。

**包子老师：**悟性极高！你已经开始掌握好文章的一些要领了哦！（冬梅一脸得意）

**冬梅同学：**啊！我猜到了开头和中间，却没有猜到结尾……

**包子老师：**其实秋天的悲与喜都是由“心境”决定的，生活中的其他事情又何尝不是如此呢？好文章，就是要有哲理呀！所以以后多多关注哲学学习哟！

**冬梅同学：**结尾和开头的呼应，绝了！老师我还有个问题，题目中“况味”是什么意思啊？看起来好高级的样子！

**包子老师：**况味可以理解成“境况”+“味道”，是一个特别文艺的词呢。冬梅呀，写作对你而言是什么“况味”呢？（冬梅正在把“况味”抄到笔记上，又没听见老师的提问）

## 7 以梦为马

胸前挂着单反相机，腰际垂着专业镜头，身穿多口袋帆布马甲，一双发黄磨旧的旅游鞋，走遍天下，以梦为马——这就是我梦想中自己的样子。

然而，最近的《印象·胡同》主题的拍摄却难倒了我这位“小摄影家”。把三脚架放在胡同口，对焦，构图，定格。画面中，细长而弯曲的胡同消失在暮色中，胡同口是一只白猫，眯缝着眼，蹲在矮墙上，它的身旁是一株稀稀疏疏的海棠，在黄昏中显出别样的风姿。不知道为啥，我总觉得这样的照片少了点什么，是色彩？是意境？我自己也陷入迷茫。

戴上耳机，随机播放，我常常用这种方式将自己与现实隔离进入思考。“每一张照片都应该会讲故事！”摄影老师的教导在耳边回响。故事？讲什么故事？回神，耳机中的音乐刚好跳到了下一首。“我和我的祖国，一刻也不能分割。”太熟悉的旋律，熟悉到耳朵似乎已经免疫。可是，就在那一刹那，思绪突然打开！

赶紧收好三脚架，趁着夜色还没有完全降临，冲到胡同对面的天桥上。已经来不及再去打开三脚架了，对，就趁现在！双臂夹紧，左手稳稳托住长焦镜头，按快门的手指激动得微微颤抖。咔嚓咔嚓！快门连续响起，像一串欢乐的音符。

成功了！

画面上，胡同安静地躺在画面的黄金分割处，天际的最后一道光恰好打在胡同的旧砖墙上，氤氲出古朴的味道。而虚化的背景当中是点点霓虹，象征着人们忙碌而富足的现代生活。一静一动，一实一虚，一昔一今，这才是一张会讲故事的相片！它见证了祖国的发展，见证了这个城市的发展，见证了岁月峥嵘！这样的一张照片，一张讲着家国情怀的照片，才是我要的《印象·胡同》！耳边又响起那首歌：我和我的祖国，一刻也不能分割……

轻舒一口气，缓缓放下手中的相机。夕阳收起了最后一抹浅绛，脑海中又翻出了那些旧照片：这张是青藏高原虔诚的信徒，这张是秦淮河畔斑驳的红桨，那张是丝绸之路幽怨的驼铃，还有一张……我的眼角湿润了，只有我知道，那每一张照片背后的汗水和付出，也只有我知道每一次按下快门的艰难与幸福。一路停停走走，庆幸自己没有错过青春最美的年华。

甩一甩马尾，整一整胸前的单反相机，腰际依然是沉重的镜头；抛弃秀色长裙，身穿帆布马甲，一双发黄磨旧的旅游鞋。这就是我，走遍天下，以梦为马。

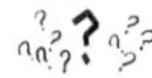

**冬梅同学：**这是要当摄影师的节奏嘛？

**包子老师：**对头！

**冬梅同学：**这段描写好有画面感，我觉得自己真的看到那个场景呢！

**包子老师：**是的是的，“画面感”在写作当中极其重要的。其实，在动笔之前，脑子里最好先形成一个类似于“电影镜头”的东西，然后按照脑海中的样子去描写。

**冬梅同学：**这一段结尾的悬念设置得很好呢！

**包子老师：**你把我想说的说出来了！

**冬梅同学：**“成功了”三个字，单独就写成一段？这样可以吗？老师不会觉得是故意凑行数吗？

**包子老师：**不会的，这种“独句成段”的方法其实特别有杀伤力。不过一篇文章里也别用太多次，不然就麻烦咯！写作时，把需要强调的特殊情节单独成段即可。（冬梅在努力记笔记中）

**冬梅同学：**要是没有一点绘画或者摄影的底子，这个文章还真写不出来呢！

**包子老师：**是哦，所以平时也要多看看名画，欣赏一下著名的摄影作品。审美的提高绝对是写作的必备条件。千万不要觉得，只要天天写作文，写作水平就能提高。作文水平的提升是一个人审美能力、哲学思辨能力、批判能力、创新能力等能力的综合体现。

**冬梅同学：**我也好想拥有一部单反相机，周游世界拍美景。

**包子老师：**其实，如果真的有一颗追求美好的心，何必长途跋涉？拿起身边的手机，记录日常的美好，又何尝不可呢？（冬梅恍然大悟）

**冬梅同学：**啊！文章的主人公竟然是个女生！

**包子老师：**哈哈哈，没想到结尾还有“瓜”吧。（冬梅表示一脸佩服）

# 8 茑萝

窗外的花，从未真正引起过我的注意。

直到那天，我发现它有一个诗意的名字——茑萝。说它诗意并不夸张，因为这个名字出自《诗经》：“茑为女萝，施于松柏。”近前，仔细看它的品貌，确有几分诗意：品红色的花点在羽毛状的藤叶上，宛似大自然折叠的五星。晨霭中，它的叶片会托起柔莹的露水，映出千百个天空；如果赶上暮雨，雨水就在鲜红的花色上跳跃，奏响黄昏的马林巴。那一刻，这茑萝便在窗外定格成了一幅动态水彩，也开在了我的心湖之畔。

不幸的是，几天后它从窗外突然消失了。

有些诧异，有些慌乱，我赶忙问母亲缘由。她回答得轻描淡写：“哦，最近咱家准备改造一下后院，这花好养，等改造完种回去便是了。”可是，我却倍感失落。长久以来，我并没有在意窗外的花，等我刚刚爱上的时候它却消失了。虽然应了我的要求，母亲答应重新种上，但那些茑萝消失的日子，我仍有些怅然……

终于在一个晴日，它又回到了窗前。

然而，它却已不是原来的样子了——

毕竟，毕竟原先那生长了多年的茑萝已经被连根拔除！新种的茑萝想要绽放却还需时日。我想象着，晨霭里它柔弱的身体该是怎样被秋日的冷露冻得瑟瑟发抖？暮雨中它的藤蔓该是怎样忍受着冰凉考验？我有些不忍，有些不甘，还有些五味杂陈。我想，这茑萝的命运似乎在暗示我们什么：很多事物，不就是因为我们过于熟悉而选择了视而不见吗？等到有一天，我们恍然大悟想要珍惜，却为时已晚。曾经的茑萝消失了，多么让人遗憾啊！我们是不是也因为懵懂而正在错过很多美好的事物呢？

但是，转念，细思，我却又有了不一样的启发：窗外的茑萝不也可以重新种上吗？虽然要付出更多汗水，付出更多耐心，何必为了那遗失的美好而伤感低回呢？

终于懂得，不必把偶然的错过当成永久的过错，只要心中的茑萝长青，一切，为时不晚！

**冬梅同学：** 茑萝，一看到这个名字就觉得好美，怎么想到的呢？

**包子老师：** 悄悄告诉你一个秘密，其实从《诗经》里面去找植物，都会好美的，什么“蒹葭”“苕之华”“木桃”……（其实，这个秘密包子老师告诉过很多同学……早已经不是秘密）

**冬梅同学：** 这个“转折”妙啊！

**包子老师：** 其实，从“未引起注意”到“发现茑萝”是第一次转折，从“关注茑萝”到“茑萝消失”是第二次转折。

**冬梅同学：** 又来一次转折，茑萝回来了！

**冬梅同学：** 啊啊啊！！又转了！

**冬梅同学：** 结尾又一次思考的反转！我跪了……

**包子老师：**（一直在旁边迷之微笑）一波五折！这篇作文是不是值得反复品味呢！（冬梅已经开始在狂抄作文了）

# 9 老王的疑惑

“卖包子咯！”

那时候的包子铺，藏在巷子的深处。老王每晚都会把一大盆雪花粉和成面团，如果是冬天就放在炕头，盖上厚厚的棉被。第二天天一亮，等到面团胀得鼓鼓的时候，便铺开案板忙碌起来。“咚咚咚”，菜刀和案板敲击的声音会把小孙子从睡梦中唤醒，成了小孙子最动听的晨起闹铃。“刚蒸好的包子，快吃了，肚子饱了上学读书才有力气！”虽然小孙子起床的时候包子店早已开张，但老王总是会在出笼的第一屉中给小孙子留下两个大包子，他说，吃第一屉包子，考状元。小孙子的童年就是这样在香香的包子味中度过的。

“卖包子咯！现做的包子！”

老王的叫卖唤醒了小镇。他的包子铺前每天排满了人，而他却从未因此发家致富，原因是他太“轴”。他始终坚持着最传统的包子馅料做法——手剁。为什么不用绞馅机？他大摇其头：绞馅机是省时省力，但也把味道绞走了。他包包子非要 18 个褶儿，虽说熟能生巧、手眼皆快，但总也比不上人家包五六个褶儿的来得快。准备好的馅料卖完了，他就打烊。有人给他出主意：老王，你每个包子少包一点馅儿，每天能多卖出去多少个呀！老王似乎不以为然，仍旧把包子馅装得满满的。

“卖包子咯！七毛钱一个！”

老王的包子就涨过一次价，从五毛涨到了七毛。这还是一位老顾客“好心”提醒的他：老王，你要再不涨价，我们都要怀疑你用的猪肉是不是好猪肉啦！第二天，老王果然修改了价格，不过每来一个顾客，他都要反反复复地解释涨价原因。有时候顾客不耐烦了：“涨价不是很正常吗？七毛也不贵啊？”反倒是弄得老王不好意思。不过奇怪的是，涨价以后包子铺的人更多了。这让老王更加摸不着头脑。

“卖包子咯，网红包子！”吆喝声来自老王的小孙子，多年后，大学毕业的他选择自己创业。一开始，他就看上了爷爷的这家包子铺。包子铺的门脸儿不能变，变了门脸儿就是变了味道；传统的猪肉大葱馅儿也不能变，变了就没有卖点。老王也渐渐发现，来的顾客不仅仅是街坊邻里，更多是时髦的小年轻。

老王不解：哪里没有包子卖呢？巷子这么深，还要排队几个小时，图啥呢？不都是猪肉大葱包子吗？

**冬梅同学：**啊哈哈哈，“卖包子的老王”，这是什么奇怪的组合。

**包子老师：**啊哈哈哈（笑而不语）

**冬梅同学：**我发现了，这是一篇“小说”，平时我们也能写“小说”？

**包子老师：**谁说不可以呢？都什么时代啦，谁说写作文必须写真人真事呢？难道就不能有一点想象和发挥？我经常鼓励学生创作小说，连玄幻小说、科幻小说我都鼓励。

**冬梅同学：**每次卖包子的“吆喝”推动了故事情节的发展。

**包子老师：**正解！同学们写作文最常犯的错误就是“结构不清晰”。所以，老师在写范文的时候特别注意用一些“明显”的方式来提醒同学们要注意文章的结构。话说回来，什么是结构呢？两个点。第一是“故事顺序”要清晰得当，第二是“详略”要得当。

**冬梅同学：**老王真的是又“愚”又“智”。

**包子老师：**嗯啊！小说要反映人性，反映社会现象，故事情节要“有意思”，人物要有“特色”。抓住这四点，再加上一些写作技巧，小说其实也不难写哦。

# 10 诫子书

察吾儿近日之行，恍恍惚惚而竟日无所为，母心下忧之，特将四条教汝，望谨记。

一曰学为贵。当世之间，目盲于五色而口爽于五味者，众矣；孜孜于书牍而心说于圣人之言者，寡矣。昔普手不释卷，阖户启箧取书，读之竟日，何其难也？且夫光阴不逮，人生天地间，忽然而已。子曰：日知其所亡，月无忘其所能，可谓好学也矣。汝当效古人之悬梁刺股之意，而非一日曝之，十日寒之。如此，则有益于学也。

二曰慎独。修身之道，在于养心，而养心之法，在于慎独。能慎独者，对天地质鬼神，内省而不疚。昔杨震暮夜却金，许衡不食无主之梨，慎独之行也。朱子曰："独者，人所不知而己所独知之地也。"《周书》曰：慎，德之守也。此之谓也。望儿慎独守德，固其本心，不畏人知而畏己知。此心常宽平自足，人生第一自强之法，第一寻乐之道也。

三曰衣食从俭。俭，德之共也，侈，恶之大也。地力之生物有大限，人力之成物有大数，取之有度，用之有节，则常足，取之无度，用之无节，则常不足。禹王天下，民咸归之，何也？非独治水之功也，其克勤于邦克俭于家之德也。盘中之餐，粒粒辛苦，半丝半缕，物力维艰。望儿爱其食，简其裳，则无愧于父母之终日劳作也。

四曰豁达。苏子贬于黄州之时，何其悲哉！然垦植于东坡，游历于赤壁，徐行于沙湖道中，何其乐哉！欧阳文忠谪于滁州之际，何其怨哉！然饮酒于山林之间，寻四时之花，遇朝暮之云，苍颜白发而乐乎草木清流之间，何其说也！一切有为法，如露电泡影，心之所属则身之所属也。

四条训诫，望儿谨记。路漫漫而修远，汝当上下而求索，乃无愧于父母之呕心沥血也。

**冬梅同学：**文言文风格的作文吗？！我感觉自己又写不出来了！

**包子老师：**首先不要畏惧文言文风格的写作，平时多积累文言文词汇，多读文言文提升语感，最重要的就是要多尝试，写不好又有什么关系呢？写得半文半白“四不像”又有什么关系呢？我觉得尝试的过程远远比结果更重要！

**冬梅同学：**这段话写了学习中要珍惜时光、日积月累。

**包子老师：**很正确！

**冬梅同学：**我好像在哪里见过这段话！

**包子老师：**你的语感很敏锐哦！其实，这段话引用了不少《曾国藩家书》里面的内容呢！

**冬梅同学：**“半丝半缕，恒念物力维艰”，这不是我们学校食堂的标语吗？哈哈

**包子老师：**也是文言文嘛，哈哈哈！

**冬梅同学：**苏轼、欧阳修，都是我学过的人物。

**包子老师：**嗯嗯，我一直强调“用”的重要性，很多同学学了很多知识不会用，背了很多好词好句也不会用，这是个问题。写作，要尽量去搜索自己学过的东西，每次都用一点，日积月累就会形成“学以致用”的好习惯哦！

自由笔记区

# 好像变得简单一点了

- 生活中的微感动
- 中国精神
- 眼神
- 让心灵回家
- 多想对你说

# 11 生活中的微感动

一阵琴声，一个身影，滴滴感动，在心湖漾开，圈住了时光的美好。

五一，坐标西安交大第一附属医院。

旅游偶感风寒，无奈前去就诊。大厅里的人忙碌、疲惫、焦虑。我皱了皱眉，忽被一阵隐约的琴声吸引。目光穿过喧闹，在医院的角落找到了声音的源头。

原来，琴声出自一架钢琴。钢琴？带着好奇查了新闻，发现这是国内不少医院的一项人文关怀，本意是想用琴声来缓解人们的焦虑。可是，谁会去弹奏呢？

眼前的一幕着实让我有些震惊。坐在钢琴前的竟是一位老先生。藏青色的中山装有些发白，满头的银发矍铄地立着，带着一些军人的刚强和坚定。然而，微微佝偻的背，皱纹里藏着的从容，指尖流淌的琴声，又带着些艺术家的柔软和内敛。其实，曲子弹得并不流畅，是大家熟悉的《喀秋莎》，但感情却是连绵的。“正当梨花开遍了天涯，河上飘着柔曼的轻纱……”我不禁跟着低声哼唱起来。很多遐想也翻涌而来。他为什么会在此弹奏呢？是为家人的痊愈而欣喜？还是给自己战胜病魔以勇气……太多的疑问，太多的不解，源源不断地袭来。但，不管怎样，这琴声里我听到了一个沧桑的老者对生活的热爱，我听到了一个年过花甲的老人对生命的热忱。这，就足以打动我了。

我想上前询问，但又止住了脚步，我不忍打断这样的美好。钢琴旁边，匆匆而过的人们似乎依然忙碌、疲惫而焦虑。但我却坚定地认为，谁会真正忽视这样的美好呢？疲惫之余、焦虑之余，他们一定也和我一样在心湖里泛起了一丝动容吧！

走出医院的时候，风很暖，天很蓝，云很轻。我也有一些小小的领悟：生活的美好是什么？就是在心里安放一个个黑白的琴键，倘若悲伤来临，这些小小的琴键就会弹奏起一曲曲治愈的歌谣，奏得很美，浸得很深，飘得很远。

**冬梅同学：**我似乎找到了老师喜欢的开头方式。

**包子老师：**“……在心湖漾开，圈住了时光的美好”，这样的表达是不是比大部分同学常写的“记得那一次”要好多了呢？

**冬梅同学：**医院里有钢琴？太假了吧！（冬梅有点不屑）

**包子老师：**哈哈，“格局”小了吧，其实现在国内很多医院都在大厅摆放了钢琴哦，不信，你可以上网搜新闻。（包子老师用手机打开某网站，给冬梅看新闻）

**冬梅同学：**这一段写得好细致呢！

**包子老师：**说到重点了，每次写作文最好都来一段细节描写，这样才有代入感哦。同时，能写好细节描写的同学并不多，所以“细节描写”是无可厚非的取胜关键。

**冬梅同学：**如果换了我，肯定会写上前跟老爷爷的对话什么的。

**包子老师：**哈哈，好作文往往是“意料之外”的。

**冬梅同学：**“奏得很美，浸得很深，飘得很远”，我又看到了“四字式”的表达。

**包子老师：**“四字式”的表达确实是很好用呢，我们联想到《诗经》也常用这个手法，所以就把这种“四字式”表达产生的美感叫作“诗经效应”吧。

## 12 中国精神

中国精神以何为记?

“仁以为己任，不亦重乎？死而后已，不亦远乎？”您是一座丰碑，直上云霄，而那碑上镌刻着您的坎坷与血泪。当有一天我们仰望长空，能听见您的声音远远而来：“知者乐水，仁者乐山。知者动，仁者静，知者乐，仁者寿。”我想，您的眼睛一定是幽邃而深沉的，我想，您的背影一定是坚定而执着的，我想，您的手一定紧握命运的权杖。您以“天下”为己任，周游列国十三载，晚年更潜心治学修“六经”。“仰之弥高，钻之弥坚，瞻之在前，忽焉在后，夫子循循然诱人。”这是颜渊对您的评价，也是千秋万世对您的赞美。您的心，是那么博大，装下了百姓，装下了天地。这就是中国精神，这就是中国印记。

“人生达命岂暇愁，且饮美酒登高楼”，假如长长的历史是浩瀚的夜空，您就是天边的那一颗启明星，照开了黎明前的黑暗，给夜行的人以无限希望。“相看两不厌，只有敬亭山”，您走过的地方，土地因您而变得柔软；“燕草如碧丝，秦桑低绿枝”，您走过的地方，树木因您而变得葱郁；“黄鹤楼中吹玉笛，江城五月落梅花”，您走过的地方，繁花因您而变得馥郁。一把剑，一壶酒，一轮明月，您走过巴蜀，走向长安，却不曾想那些权贵的嘴脸是如此丑陋，您不想低下您高贵的头颅，您不想卑躬屈膝，您仰天长啸：安能摧眉折腰事权贵，使我不得开心颜！这就是中国精神，这就是中国印记。

“莫枕楼东风月，驻春亭上笙歌。”每当冰轮初升，我便会想起您。您的命运一如这明月般坎坷多舛，但生命就是一个圆，不管走过多远，您都回归那份初心。“木落山高一夜霜。北风驱雁又离行”，您走过很多山，很多水，您行过很多路，很多桥。可您知道吗？“楚天千里清秋，水随天去秋无际”，当您走过，那山与水便明亮起来，那路与桥也丰满起来。想当年，耿京起义，您何等英姿飒爽，开禧北伐之时，您何等壮怀激烈。然而，您生错了时代，面对南宋朝廷的昏庸和无能，您只能挑灯看剑，只能在醉里，您吹角连营只能梦回。然而，您何曾有过一丝放弃？何曾有过一丝逡巡？这就是中国精神，这就是中国印记。

此生，斯印记，终铭记！

**冬梅同学：**这个开头似乎又有点不一样呢。

**包子老师：**嗯啊，这种略带“古风”的表达，特别容易让老师产生好感。记下来吧！

**冬梅同学：**没想到还能把我们熟悉的孔子写得这么文艺。

**包子老师：**秘诀就是“古文”的引用。在中文的表达中有一种很奇特的现象，只要一引用古诗词或者文言文，文章的格调似乎立即就上去了呢。不过，任何的技巧都是依附于强大文化素养的，关键还是静下心来真正了解孔子。

**冬梅同学：**我发现，其实不一定要写“生僻”的人物，像李白这样常见的人物，只要写好了也是非常不错的文章。

**包子老师：**你又说到点子上了哟！其实，一篇作文，不管素材多好、结构多好、立意多好，都需要建立在语言表达的基础上，所以“好的语言”才是王道呢！那什么才是好的语言呢？其实好的语言没有严格的界限，可以“优美”，可以“豪放”，也可以“质朴”。总之，好的语言表达是一篇好文章的前提。

**冬梅同学：**老师我读出来了，这是写的辛弃疾！（冬梅自豪感爆棚）不过，这个作文好多古诗词啊，宝宝我背不下来啊！

**包子老师：**我理解你“背诵难”的心理，其实，古代名人有很多名句，你就选自己觉得“好记好背”的，选自己喜欢的去背诵。不一定非要背诵那些“拗口”的来难为自己呢！

**冬梅同学：**“斯”是什么意思啊，老师？

**包子老师：**哈哈，“斯”的意思是“这个”。建议你读读范仲淹的《岳阳楼记》以及刘禹锡的《陋室铭》。你就能印象更深刻啦！

# 13 眼神

编者按：制作于雍正年间的国宝粉彩蝠桃纹橄榄瓶在八国联军时流落海外，百年来竟然被当作一个灯座使用。其价值被发现后，此瓶在香港苏富比拍卖行拍卖。爱国人士重金拍得后捐献给祖国，国宝回归。以上为此文创作灵感。

我已三百多岁，我是一只瓶。我见证了那些眼神，而那些眼神见证了时光。

“下面拍卖的是粉彩蝠桃纹橄榄瓶，现在开始出价——”香港苏富比拍卖行里气氛凝重、人头攒动，对古董感兴趣的中外富豪们齐聚一堂，一双双黑眼睛、蓝眼睛都出神地盯着我。

我胎质洁白，温润如玉，橄榄型的瓶身透着中国古典的优雅。最美的是我身上的几个蝠桃，这是用一种叫作粉彩的工艺绘于瓷瓶之上的，饱满的桃身，一抹浅绛从桃尖缓缓洗开，褪成柔黄色的桃体。没错，我的名字叫粉彩蝠桃纹橄榄瓶，制作于雍正年间。

一百多年前，一声炮火惊醒了我的美梦。宫女们惊恐地喧嚣，侍卫们慌乱的脚步，打破了京城的夜。月光，被浓稠的乌云吞没了。枪炮声中，八国联军把战火烧到了紫禁城的脚下。突然，一双蓝色的眼睛出现在我的面前，贪婪、暴戾，那个眼神，至今回想起来都会浑身发寒。就这样，我被装进了一个暗匣子，带出了高墙。等我再次醒来时，我的四周再也不是雕梁画栋，我知道我与我的祖国失联了……这里，我竟只被当作了一个普通的灯座，摆放在一个叫作奥格登·里德的家族里。

“4150万！”拍卖场上有些哗然，拍卖官示意大家安静，“现在还有没有加价的——”人群里，我突然看到了一个眼神，那眼神来自一双黑色的眼睛，柔和而又坚定。出价的是一位中年女士，其黑色的连衣裙上绣着牡丹暗纹，鼻梁上架着一副黑框眼镜，透着优雅与大气。张永珍，这是我后来才知道的，那一刻，我似乎看到了她的眼眸里闪着一丝光。

“4150万第一次——4150万第二次——”我有些忐忑，我不知道我的命运将何去何从。我看到了她整了整衣领，推了推眼镜，眉头有些微蹙，嘴角却依然露着坚定的微笑。能看出来，她志在必得。全场的气氛紧张到了极点，有的老外耸耸肩表示放弃，有的华裔犹豫着要不要继续加价。记者们的镜头也都纷纷转向了这位女士……

“4150万第三次，成交！”全场响起了热烈的掌声。然而，出乎我们所有人的意料，张女士没有将我据为己有，而是无偿地捐献给了祖国。那一刻，我看到了她的嘴角有些激动，她的眼神有些释然，她颤抖地抱起我，一丝温暖也传遍了我全身。

如今，我的身边，又有了很多眼神。对，我成了上海博物馆的镇馆之宝，参观者里还有不少少年，他们的眼神里，有惊讶、有感动、有欣喜。稚嫩中藏着勇气，懵懂中透着朝气，青涩中映着正气，在他们的眼神里，我看到了一个强盛国家的影子，我看到了一群未来能发光的人。你可知，这样的眼神我盼了多少年，等了多少载？

三百年了，我终于见证了最好的时光，而时光见证了祖国最美的眼神！

**冬梅同学：**编者按？这是什么奇怪的操作？老师，不要欺负我读书少啊！

**包子老师：**哈哈，“编者按”是报刊编者对新闻或文章加提示性说明和重要批注的工作。此文借用了这种形式。为什么要这么做呢？是不是画蛇添足呢？文末来聊这个问题。

**冬梅同学：**“我见证了那些眼神，而那些眼神见证了时光”这句话我喜欢！

**包子老师：**这句话用了类似于“顶真”（有时候也写作“顶针”）的修辞手法。什么是“顶真”？“归来见天子，天子坐明堂”是顶真；“忽闻海上有仙山，山在虚无缥缈间”也是顶真。发现了吗？顶真就是前一句的最后一个字或词和后一句的第一个字或词重复。

**冬梅同学：**老师啊，那这句话“你爱我，我爱你，某雪冰城甜蜜蜜”是顶真吗？

**包子老师：**算……（此处尴尬癌要犯了）

**冬梅同学：**这个“粉彩蝠桃纹橄榄瓶”，原来还有这么多故事啊！

**包子老师：**把文物作为素材来写想象文，是一种很高端的操作哦！学起来啊！

**冬梅同学：**我感觉自己亲临拍卖会现场，哈哈，好有趣！

**包子老师：**虽然咱们没有去过拍卖会现场，但在电视里看过，所以，想象一下写出来也未尝不可，嘿嘿。

**冬梅同学：**好想去上海博物馆看看这个瓶子啊！

**包子老师：**博物馆里妙趣多，彼处写作素材真的是数不胜数啊！

**冬梅同学：**为啥每次作文结尾都好精彩！

**包子老师：**课间十五分钟，把书里的开头和结尾看一看，都是获益匪浅呢！

# 14 让心灵回家

那时的我，就站在他们面前，从未如此“痴醉”——

远处雪山冰川晶莹，衬着落日。近处一泓碧波，欲语不语、似真非真，不可知、不可近。那时候我醉了，不曾想前往拉萨的路途上，竟还有这样一处仙境！不禁掬一掌湖水，我一时竟辨不清：是鱼儿在湖水中飞翔，抑或是鸟儿在蓝天中摆尾畅游？似乎那是生与死、离与合、欢歌与悲泣的由来与尽头。那一刻，群山不语、鸟雀不语、江涛不语，而我的血液与脉搏却撞击着：这才是心灵的家，一个与世无争的桃源！

“小伙子！来，进来瞧！”一语击碎梦境，我回到现实。花鸟市场里熙熙攘攘，尘俗气、市井气、烟火气熏得我“节节败退”。远处铁架上，一只金丝雀慵懒地立着，脚上的金链应该锁了多时，它可曾记得林间的自在啼啭？它可曾记得薄雾中的声声脆鸣？它一定忘记了。还有身边的花，艳俗、矫揉，它们可知自己本该在骀荡的春风中俯仰生姿？它们可知自己本该浅倚土地享受缀霜带露的恣意？它们一定不知。

这时的我，就站在他们面前，从未如此“绝望”——

然而，喧嚣的深处，一个伛偻的老者引起了我的注意。一把藤椅，半壶浓茶，几片老叶点在黄汤中，醇，厚。抬手间，他又浅斟了一杯，轻抿了一口，脸上的皱纹随即舒展开。似乎，外界的喧闹对他而言都不复存在，他像一棵老树，安然立于尘世纷闹的绪风中，安详、从容。他的身边，有人影的匆匆而过，有凡俗的浓妆艳抹，而他却像是在俗世中修行的比丘把自己深陷在了另一个定格的时空。但同时，他似乎又与周遭的光与影溶在一处，缓缓流淌。落日的酡红正渐渐褪去，我猛然一惊：他不正是我在雪山中看到的那一泓吗？静谧、沉静、远离喧嚣。哦不，不！他又决然不是那世外的泓，他是盘曲在世间的一株迎风的老藤！

那一刻，我恍然，原来时间和喧嚣是一种“考验”，原来心灵的家不在“物外”，原来，心安之处，便是园庐！

**冬梅同学：**老师，这个文章好仙儿啊！我没有去过青藏高原可咋办啊？

**包子老师：**所以说，要读万卷书，还要行万里路啊，在停停走走之间，才会有更多的写作素材。固守书斋，可能是没有办法写出真正好文章的哦。

**冬梅同学：**我以为会继续写雪山呢，这怎么突然到了“花鸟市场”，有点跳跃啊！

**包子老师：**如果只看这两部分，确实是没有太多的联系啊，精彩在后面哦！

**冬梅同学：**我看到了一个词——酡红，感觉很不错的样子。

**包子老师：**赶紧记下来吧。不过你也应该学一学这段话的细节描写哦。

**冬梅同学：**雪山的静谧出现在了花鸟市场的一个老者身上，这是什么操作？

**包子老师：**其实，雪山的静谧是一种精神，是内在的；花鸟市场的喧嚣是外在。这个老者的状态告诉我们，其实要寻找一份静谧不一定去雪山高原，也不一定去草原森林，心安之处便是桃源啊！不过话是这样说，我还是建议有条件的同学多去看看祖国的名山大川呢。

# 15 多想对你说

多想对你说，你的美风情万种。

“昔我往矣，杨柳依依，今我来思，雨雪霏霏。”翻开你，《诗经》，会发现你像一个隽永的序曲，点燃了中国文学的乐章。读你，最好是在雨霁的树下，一切都很安静，只有头顶叶片上的雨珠儿还会偶尔打湿额发，而那些遥远的文字却打湿了我的心。我合上书页，而那些文字却依然在脑海盘旋，“风”的平实，“雅”的绮丽，“颂”的虔诚，在“赋比兴”的吟哦里酝酿，酝酿出一坛浓浓的酒，酵进时光。多想对你说，是你让我的少年时光变得温柔而美好，多想对你说，是你让我的生命变得充实而丰满。

“江南可采莲，莲叶何田田。”走进你，汉乐府，一泓清冽的泉便缓缓而来，漾开，漾开，奏成了另一种美好。在一个暖风微醺的午后，葡萄架下，阳光斑驳在发黄的书页上，这应该是读你最好的情景吧？再来点音乐？或者来一杯清茶？总之，不能辜负。有时，我会觉得汉赋过于华丽，作为乐府诗的你才是真的灵动。尤爱其中的相和歌辞，“翩翩堂前燕，冬藏夏来见”，多么希望能回到那个时代，聆听这些美妙的乐音。多想对你说，你的声音浸润了多少干涸的灵魂，你的声音敲开了多少紧闭的心门。

“何当共剪西窗烛，却话巴山夜雨时。”读你，可以是雨打芭蕉的月夜，也可以是烟霭朦胧的清晨，更可以是草长莺飞的二月池畔。无论怎样，我总能找到属于我们的一种默契。七律和五绝的平仄，边塞和田园的畅想，浪漫与现实的交汇，你可以是绵延的群山，也可以是幽清的山涧，在这里你既可以是悲歌畅饮，也可以是隐世桃源。多想对你说，中华大地的每一条河，每一座山，都是你华美的象征。

多想对你说，愿每个人都能走进你！

**冬梅同学：**老师，类似的文章好像之前看到过呢，这个文章有什么不一样的写法吗？

**包子老师：**这个写作方法叫作“四赞法”。解读如下——

首先引用原文：“昔我往矣，杨柳依依，今我来思，雨雪霏霏。”

一赞：一个比喻句赞美经典：翻开你，《诗经》，会发现你像一个隽永的序曲，点燃了中国文学的乐章。

二赞：联系生活实际赞美：读你，最好是在雨霁的树下，一切都很安静，只有头顶叶片上的雨珠儿还会偶尔打湿额发，而那些遥远的文字却打湿了我的心。

三赞：选取经典中的文学常识赞美：我合上书页，而那些文字却依然在脑海盘旋，“风”的平实，“雅”的绮丽，“颂”的虔诚，在“赋比兴”的吟哦里酝酿，酝酿出一坛浓浓的酒，酹进时光。

四赞：结合文题目再赞美。多想对你说，是你让我的少年时光变得温柔而美好，多想对你说，是你让我的生命变得充实而丰满。

**冬梅同学：**（沉浸在优美的文字中无法自拔）

**包子老师：**嘿！醒醒！其实你可以自己标注一下这段话里的“四赞”哦，这样你对“四赞法”会有更加深刻的认识呢！

**冬梅同学：**要选取三本书，按照时间顺序排布。写作好像变得简单一点了呢！

**包子老师：**嗯嗯，不过前提还是要“慢”，阅读的过程，积累的过程一定不能着急，等到时机成熟，写出一篇好作文就是轻而易举的事情啦！

**冬梅同学：**其实，我刚看到题目和第一段的时候，我以为这是一篇写人的文章呢！

**包子老师：**哈哈，这又是一个思维的训练。按照惯性思维，标题中的“你”字确实很容易让人觉得应该写人，但仔细想想，“你”又可以不是人，“你”可以是一本书、一朵花……所以，这种审题的方法我们叫它“非人类”审题法，哈哈。（冬梅勉强地跟着一起尬笑）

自由笔记区

# 疯狂记笔记中

- 走过风雨
- 木偶之死
- 那份戏韵，真好
- 知否知否
- 芭蕉雨思

# 16 走过风雨

那时那地，我和教练，一次缄默。

“关键时刻步法错乱，归位不及时，注意力不集中……”终于，他开口了。本就严厉的击剑教练在练习赛后表情更加凝重了：“虽然你是队长，但这样的你参加预选赛一定被淘汰！”彼时的我像一片飘离枝头的叶，懊恼、不甘。“怎么会呢？我的击剑技术一向是击剑队中最优秀的，可这次怎么……”双眼死死地盯着面前的头盔，那纵横交织的网格似乎变成了一只大手，把我紧紧地扼住。我缄默了……

那时那地，我和队友，一阵暖风。

“怎么了？”队友熟悉的声音在我身旁响起。我猛然抬头，环顾四周，这才发现不知何时，场上只剩下了我和他两个人。“别灰心，这次比赛失利没关系，只要努力，下次就一定能够走向柳暗花明。”暖暖的声音如同一阵微风，熨平了心中的迷惘。那句话不停地回旋在我的脑海：对啊，只要努力，我一定可以做最优秀的自己。紧握剑把，迎着“暖风”，我的目光再次坚定。

那时那地，我和自己，一次拼搏。

窗外，枯黄的叶在空中旋转而起，晶莹的雪在空中四散飘飞，从深秋到初冬，平时常常“溜号”的我变成了最专注的那一个。卸下包袱，放下自负，我把身后高高翘起的尾巴悄悄收起，静下心，仔细地揣摩着每一个动作。就好像第一次拿起闪着神秘光彩的击剑，重新纠正每一个动作，重新回顾每一个技术要领。细密的汗珠从我的额头上一滴滴渗出，酸痛的感觉从微微颤抖的手臂上传来。每一个动作都做得无比谨慎，每一个战术都经过深思熟虑。渐渐地，敏捷的身姿、自如的攻守在练习场上赢得阵阵喝彩，教练的眼神中终于流露出赞许的目光，彼时的我感觉正有一种力量在心底悄悄成长着，似乎就要开出一抹浓密青葱的绿。我猜，这种绿的名字叫作“拼搏”。

直到那日——

“滴！”一记刺杀结束比赛，清脆悦耳的声音印证着我的努力和成功。

经此一役，我若有所悟：击剑如此，青春亦如此，只要以坚定之信念、执着之精神，总能走过那些风雨，总能看见晴天。

**冬梅同学：** 包子老师，我最近知道了，其实开头的方式太多了！以前我只会“那一天”“今天”“记得那一次”，觉得以前的自己弱爆了！

**包子老师：**（笑而不语）

**冬梅同学：** 老师，快夸我，我发现了一个很好用的词汇——缄默。

**包子老师：**（微笑表示肯定，看到冬梅已经开始疯狂记笔记）

**冬梅同学：** 老师，我又发现了一个好词——熨平

**包子老师：** 嗯嗯嗯嗯！（看到冬梅同学继续疯狂记笔记中）

**冬梅同学：** 老师，我没有学过击剑，是不是这个文章就没有参考意义了啊！

**包子老师：** 非也！其实文中的很多句子都是通用的。比如“细密的汗珠从我的额头上一滴滴渗出，酸痛的感觉从微微颤抖的手臂上传来。每一个动作都做得无比谨慎，每一个战术都经过深思熟虑”这句话，在很多体育运动类的素材中都可以用哦！（又看到冬梅疯狂记笔记）

**冬梅同学：** 老师，今天我的手已经“废”了！

**包子老师：**（看到冬梅满满的笔记，又露出了姨母般的微笑……）

# 17 木偶之死

生死去来，棚头傀儡。一线断时，落落磊磊。

火光舔过我一身绮丽舞袖歌衫，燎着了椴木雕琢的细巧骨骼，烧出哔哔啵啵响动。你一生牵丝弄线，和我相依为命。天寒之夜，心灰意冷却将我焚烧取暖。

赤火拷打，我仍坚持翻身而起，扬起含泪的脸儿，想对你再笑笑，却“咔”的一声碎入炭灰。看着我明媚的笑容是否想起曾一起走过的岁月？

记得——

落日的余晖褪尽晚霞的最后一抹酡红，灯火幽微之际，三尺红绵台毯一铺，我就咿咿呀呀地上场了。村里人拿个小板凳就簇拥前来。前排挤满了叽叽喳喳的村子里的丫头们，后排的看不清就骑在爷爷奶奶的肩膀上，像得胜的将军一样，两条腿在胸前晃荡晃荡，个个看得入神。再有的坐在老藤椅上乘凉的，听个声儿倒也自得其乐。从花木兰讲到杨家将，从卓文君到杜丽娘，声音在时间的沉淀中越发沙哑。但只要你一牵我便舞如飞，你一引我便懂进退，这份默契你知我知，便足矣。

自打你看我第一眼，我便知道你是真的热爱。面对你父亲抬起的手，你仍高高地昂起头，愤然离家，不带分文。馊了的馒头、褴褛的衣裳、别人的驱赶都没让你落泪。但面对观众的唏嘘你哭得像个孩子，自此我便下定决心，你的举手投足我都要用心去感受，是苦是甜都只愿被你操控去。从夕阳西下到皓月千里，从姹紫嫣红到皑皑白雪，每一次演出，不管你多疲惫，我替你明媚。就这样我们相依为命，并肩行过山与水。

而如今——

火红的火舌马上要吞噬我最后的丝线，回忆如雪花般翩跹，眼前却忽然模糊。原来我只不过是只华丽的木偶，演尽了世间所有的繁华，却仍没走进你心里。

那就让我化作炭火拼尽全力地再温暖你一次。世间的木偶们还会演绎着悲欢离合，愿陪你肩并肩走过山水的人最后还在身边。

**冬梅同学：**老师啊！我怎么觉得自己在看恐怖片啊！你确定这是范文吗？

**包子老师：**是有一点“诡异”的感觉，不过细细斟酌文字，没有大问题，平时没事可以尝试各种语言风格哦！千万不要被应试教育给束缚了呢。

**冬梅同学：**其实我也一直想写这样的文章，就是一直不敢尝试，怕被老师骂……（假装无辜可怜的样子）

**包子老师：**（一眼看穿）哈哈，你就大胆去写吧，没事！

**冬梅同学：**好嘞！！（瞬间喜笑颜开）

**冬梅同学：**有一种玄幻小说的即时感，哈哈。老师我要准备自己也写一篇了。

**包子老师：**加油！

**冬梅同学：**老师，我想把结尾改一下，你看，下面是我自己改编的结尾哦：

而如今——

火红的火舌马上要吞噬我最后的丝线，回忆如雪花般翩跹，眼前却忽然模糊。我这只华丽的木偶，演尽了世间所有的繁华，如今，再无人欣赏；你原本清亮的戏腔声愈发沙哑悲怆，如今，也无人在意。村子里的戏台已被水泥铺成了大马路，清脆悦耳的盘铃声也被立体环绕式音响替代，这一份传承后继再无人。

“烧了，都烧了便罢……”

**包子老师：**惊艳啊，冬梅！聪慧啊；冬梅！

# 18 那份戏韵，真好

“路遇大姐得音讯，九里桑园访兰英。”越剧声起，聚光灯下，是我。

思绪飘回一年前——

可以学唱腔啦！那天，我激动得整夜无眠。尹派？尹派！好，就从尹派开始！最难的莫过于尹派的小腔，这对于变声期的我来说莫过于晴天霹雳。只要一到转音处，我就失声。懊恼，失落，迷茫，一齐袭向心头。“先别过分关注小腔，先打好其他基础，你的声音条件很好。”老师的话给了我些许安慰。嗯，尽力而为，我告诉自己……声靠气动，没有气息的支持，声音就失去了依托。回到家中，我常常一个人对着墙壁，双手掐腰，练习“吐纳之功”。我想，每练习一次，我就离我的戏梦又近了一步。我不再想放弃，不再想退缩，我坚信，我的汗水一定能铸就出属于我的那一刻。晨光里，是我努力的样子，夕阳中，是我拼搏的背影。一年时光荏苒，我在越剧的路上走走停停。

思绪飘向更早的那个午后——

“我不想学了……”我嗫嚅着。妈妈没有说话，等到下次课，她照常把我送到越剧老师的手中。“这个孩子犟，老师您多担待！”妈妈看了我一眼。那一眼，我没有办法忘记。以后的日子，她只管把我送去，接回，不再过问我学习越剧的情况。我心中充满了愧疚：是我强硬地要学习越剧兴趣班，又是我自己要打退堂鼓。因为同学的不解和嘲笑，那时的我想过放弃。

思绪飘啊飘，终于停在了最旖旎的时光——

那时候，过年回老家，越剧声起，我的心也便跟着飘出去了。我惊异于如此美妙的声音竟然从一个破旧的小戏台上娓娓而来。后来苦苦央求妈妈，甚至以“绝食”为威胁才得来学习越剧的机会……

“路遇大姐得音讯，九里桑园访兰英。”就好像做了一场梦，此刻的我，在舞台上，演绎着最初的那份美好，真好！

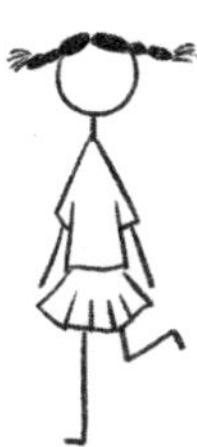

**冬梅同学：** 这波操作有点熟悉啊，老师！我没猜错的话，第一句应该是戏词吧。

**包子老师：** 嗯啊，戏词开头是很吸睛的写法！

**冬梅同学：** 虽然是写唱戏，但是我怎么感觉练习的方式跟我学唱歌是一样的呀？

**包子老师：** 哦？你还在学习唱歌？那太好了！其实，很多领域的练习方式都是相通的，比如文中关于气息的描述，不但唱戏如此，唱其他乐曲也是如此呢！

**冬梅同学：**（又开始疯狂记笔记）

**冬梅同学：** 我以为要回到现实了呢，没想到继续回忆，哈哈。

**包子老师：** 又一次超出了读者的预期吧！

**冬梅同学：** 还回忆？！这波操作666啊！

**包子老师：** 再次打破惯性思维。

**冬梅同学：** 我算是明白了，除了开头和结尾，全文都是在回忆，回忆，回忆。

**包子老师：** 要注意回忆的层次性。这是咱们第一次接触“戏曲”题材的文章哦，以后还会有很多，慢慢学习呀。

# 19 知否知否

“知否知否，应是绿肥红瘦。”初见诗句便对海棠充满了奇异的想象。

种一株海棠？

种一株海棠！

在院子的一角埋上了海棠的种子，从此它扎根于此。它，从土壤中探出头，那么柔弱，那么娇嫩，在春日的绪风中露出翠绿的眉弯。这么娇小的身躯如何抵挡外面的风雨？我恨不得想用双手捧住它，不让它受虫咬，不让它淋雨受风。奇迹般地，它长高了，向着阳光生长，努力伸长了脖颈，浏览着世界的风景，他的臂膀粗壮了，棕色的血液里似乎还泛着铁青。它，舒展开那卷曲的叶子，饱满成熟中又蕴含着温润，青涩不再是它的代名词。但是，它还不够茁壮。

而那天，未知的风雨突然来临。

我趴在窗台，听着如狼嚎般的风声，看着风雨无情地撕咬着面前的“猎物”。轰隆的雷声，掠过的闪电，倾盆的大雨，考验着海棠，考验着这株还未经历风雨的“涉世未深”的海棠，同时也考验着我的承受力。我看见它的枝干几乎快被折断。我不忍心再看下去，便转身离开。但是我还是惦记着它，惦记着它的生死。风雨过后，我逡巡着拉开窗帘，我震惊了：它居然活了下来，虽然嫩枝已经歪斜，绿叶铺了一地。可是它接受了一次真正的磨砺。

我想象着，在我没有看它的时候，它是怎样对着风雨昂头大笑，它又是如何挺起稚嫩的身躯去抗击这自然的“暴戾”，它又是怎样牢牢地抓着土地与风雨搏击。我想象着，当绿叶被雨无情打落的时候，它是否轻蔑地对苍天一笑，它肯定不会控诉自然的不公，而是赞颂着自然对它的洗礼，尽管这些都深藏着不可预知的无情。我又想象着，等风雨过去时，微风拂煦，旭日临窗，它会更显生机，它会伸展枝丫，它会把最美的花朵从晨旦开向晼晚，它的颜色会在春光中浸染，点成最美的娉婷。

我似乎懂得了一些：这海棠不正是我自己吗？那个逆着光勇敢前行的少年，一路走走停停，却没有一丝丝改变，面前再多艰险从不退却，时间只不过是考验，终将成为青春的曼忆。是啊，倘有一襟海棠心，则风雨何患？

知否知否，应是路远梦俦！

**冬梅同学：**把以前学过的“古诗词”和“标点符号妙用”的方法都用在了这个开头啊！

**包子老师：**学以致用嘛，写作的过程是“螺旋上升”的过程，不要怕“重复”，要在“重复”中不断发掘新意，不断成长。

**冬梅同学：**我发现了一个词“绪风”，看不懂……

**包子老师：**绪风是“余风”的意思。不过，以后遇到不懂的词汇，借助《新华字典》就可以啦。冬梅，你有时候也要学会自主学习哦！（冬梅突然停下了记笔记，脸红了）

**冬梅同学：**老师，“逡巡”是什么意思？（欲言又止）我知道啦，我自己查一下！

**包子老师：**（孺子可教）嗯嗯嗯！

**冬梅同学：**老师，我记下来了“畹晚”。感觉最近词汇量暴涨啊！

**包子老师：**嗯嗯，不过要记得，不是看起来生僻的才是好词哦，你注意最后一句中的“点”字，虽然是个熟悉的词语，但用在这里就是“常中见奇，朴中见色”。有时候，把看起来普通的词汇用好，也是一种锻炼哦！

**冬梅同学：**我记下来了“暑忆”，还有“一襟”。

**包子老师：**很好很好！

**冬梅同学：**结尾是改编了诗句吗？

**包子老师：**对哟！又一波神操作吧！

# 20 芭蕉雨思

很庆幸，小时候在祖母家听过芭蕉雨。想来，这样的况味早成了一种奢侈品。

芭蕉、屋檐、炊烟，这是祖母家的意象。其实，芭蕉树是祖父所种，用现在的话来说祖父是有一些“文青”的味道的。芭蕉不像香蕉，它结出的蕉又小又涩，是不能食用的，而祖父却总是把它伺弄得“亭亭玉立”。下雨了，雨声就打在芭蕉叶上，剥剥滂滂、索索淅淅，我是再熟悉不过的，那是童年的声音。

后来偶然读到明朝沈周的一篇《听蕉记》，上面有这样一句话：“蕉雨固相能也……蕉静也，雨动也……”我恍然大悟，童年时的蕉和雨又赫然成了另一番印象。是啊，蕉和雨是一组辩证法，没有蕉的承接，雨落无声，没有雨的聚集，蕉静立无言，而听着却从这对辩证法中听出了自己的心声：“空阶滴沥肠堪断，更向芭蕉叶上听。”一边是自然的辩证法，一边是人类的方寸心，我不禁喟叹古人哲思的精妙。

而今，在城市里，这样的情愫却无处寻觅了，我的心头也有些“雨打芭蕉”的低回。对蕉，对雨，有一种难以名状的情愫在发酵，在生长。

什么时候能再回去听那芭蕉雨呢？

从小小的窗口望出去，我常常看到车水马龙的街道，我看到穿梭如织的行人，一切都是匆匆的样子。我多么希望，在城市的雨夜，也能有一株芭蕉树，滴落霓虹，静静地晕开在城市斑驳的脚印中。可是，假如真的有这样的一株芭蕉，我们真能如古人般静心而听吗？思至此，我又有些惆怅了。

我做了一个梦。梦里，城市的中心广场上耸立了一棵巨大的芭蕉树，当骤雨来临，它的叶片就发出魔法的音符，让时间变慢。埋头行走的人们终于可以放慢脚步。抬头的时候，雨打在大家的脸上，一张脸、两张脸……每一张脸都开始微笑，每一条街道都开始欢笑。

梦醒了，雨还在，芭蕉却已无处寻觅了……

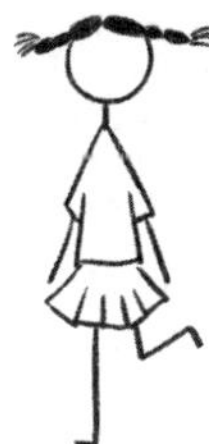

**冬梅同学：**老师，“况味”这个词，我感觉在哪里见过，忘记了……（疯狂回忆中，脸呈纠结状）

**包子老师：**本书第6篇范文《秋的况味》，嘿嘿！

**冬梅同学：**“剥剥滂滂、索索淅淅”，这种神仙级的象声词，我要记下来！

**包子老师：**其实同学们的象声词积累也不是很多，除了“噼里啪啦”“咚锵呱哒”，其他的还有哪些呢？

**冬梅同学：**哲理了！哲理了！

**包子老师：**学会分析两个事物之间的关系是哲学思维的重要组成部分。通过对芭蕉和雨的关系分析，整个文章的层次一下子就提高了呀！

**冬梅同学：**我以为前面已经结束了，我以为只是一篇“托物言志”的文章，没想到啊没想到，竟然批判起现实来了呢。

**包子老师：**这就是“形散神聚”的一种写法，可以好好琢磨琢磨哦。

**冬梅同学：**写梦？

**包子老师：**这是虚实结合的手法。通过“梦”的描写，可以把自己的理想、自己的展望、自己的希冀，都具体地展现出来。

**冬梅同学：**结尾有点小伤感呢！

**包子老师：**最后可以留个思考题：芭蕉在文中象征了什么呢？

自由笔记区

# 哦，我懂了

- 海棠未落
- 戏缘
- 我的名字叫月
- 少年心
- 口罩过年记

# 21 海棠未落

秋雨逗落，模糊了远方缓缓升起的炊烟。近处屋檐潺潺，那是雨声，也是愁思洒落。孤独的我将目光收回，收回到眼前的一株芭蕉上。秋，真是个熬人的季节，我看那芭蕉叶都开始焦黄，冷冷清清地与秋雨应和着，弹出零零碎碎的曲调。

我又想起了那个遥远的日暮。是我，把一匹素练放进被夕阳揉碎的溪水。浣洗间一个小河童撑着长篙渐渐靠近。“姐姐，你真好看！”那小河童天真的声音贴着水面传来。我舀起一瓢，轻快地泼向河童，却惊起了远方的三两只白鹭。嗔怪河童不应该如此直白，却又暗暗在水中欣赏自己皱皱的倒影。是的，那时的我，真美。

如今，那个我早已远去。雨小了一些，秋天的芭蕉已不再翠绿，继续等待它的是时光无情的鞭打，不可言说，不想言说也不屑言说。芭蕉树下，是一地的黄花堆积成了寂寞的况味。那花儿和我一样憔悴着，彷徨着。我不懂，这是命运的偶然还是必然？我不懂，生命到底是要坚守还是放手？

说不懂，其实我早已懂。那年啊，樱桃正红，蕉叶正绿，白马上的赵明诚风流倜傥。“来，让我载上你！”他伸出手，而我有些羞赧。终于还是跨上了马，走走停停，看白日渐渐西斜在天边染成片片酡红。分别的时候，我不忍回头望去，赵明诚的背影消失在夕阳中，朦朦胧胧。“回去的路上要小心……”我欲言又止，脸颊绯红，只是守到暮色吞没天际而那人早已远去。

是啊，那个家，早已远去。如今山河破碎，满目疮痍，苟且偷安的皇帝，喋喋不休的臣子，究竟也顶不起一个家国的未来。有一些愁我埋在心底，有一些恨我埋在心底。终于，月亮升起来了，月光落进了孤井。还是依着我的小窗儿吧，尽管孑然一身，尽管形容憔悴，如果一杯淡酒敌不过晚来寒意，那就再斟一杯，再斟一杯……

梦里，有个声音响起——

“春兰，你去帮我瞧瞧海棠花吧，是否被雨打落了？”

“小姐，你痴呀？”

“我痴？”

“昨儿，根本没有下雨——”

丫鬟扑哧笑着，跑走了。留下一个怔怔的我，独自寻寻觅觅……

**冬梅同学：**好唯美啊！感觉我在看一个古风电影。

**包子老师：**要的就是这种感觉。其实，古诗词是个好东西。这段话其实就是把古诗词中的一些场景给具象化了而已。是不是和前一篇作文中的“雨打芭蕉”有类似的感觉呢？

**冬梅同学：**原来“我”不是现实中的我，而是想象中的“我”。（冬梅感觉自己再次被文字欺骗了）

**包子老师：**是哦，文中的“我”是时光远处的一个女子，是谁呢？你可以尽情地猜一猜。

**冬梅同学：**我看到了黄花，莫非是李清照？

**包子老师：**继续往下看吧！

**冬梅同学：**果然是她！她和赵明诚的故事真的是很让人难忘呢。

**包子老师：**猜对啦！

**冬梅同学：**我终于懂了，原来这篇文章就是把李清照的《声声慢·寻寻觅觅》和《如梦令·昨夜雨疏风骤》进行了结合，然后又加了很多古风画面的想象。

**包子老师：**很对哦，这种“古风想象文”，是很多同学喜欢的，可以大胆去创作哦！李清照可以是你的首选。

# 22 戏缘

缘来，情起。

幼时爱戏，爱的是戏台戏装的旖旎。锣鼓声响起，帷幕拉开，舞台上的布景亦真亦幻，时而小桥流水，时而曲径通幽，一扬旗便是千军万马，一挥鞭就是山迢路远。演员登台，我更是目不转睛：粉色的颊，黛色的眉，翻转的水袖，流水般的台步，一颦一笑都带着独有的风韵；更别提武生那威武的靠甲，直挺的靠旗，更有头顶英武的翎毛，幻化成了童年美好的梦。我常常想象着，自己也能成为那舞台上的一个戏子，在时空的光影里穿梭演绎。

缘起，情深。

慢慢长大，爱的是戏词戏调的优雅。“倩影镜花前，未曾走远；谁的眼波，醉了水中莲。”那是粤剧《白蛇传》的一段唱词；“菩提树檐葡花千枝掩映，白鹦鹉与仙鸟在灵岩神岘上下飞翔。”这是京剧《天女散花》的一段戏韵。古色古香的词，悠远绵长的韵，把整个舞台都熏染得更加如烟般痴醉。我也曾，悄悄地学唱那些戏韵，我也曾，偷偷地学写那些戏词。“戏曲也太老土了吧！”“戏曲有意思吗？”耳边也常常有不解和嘲笑，但那又怎样，我有我自己的选择和追逐的远方。

缘深，情痴。

现在啊，真正痴迷的是戏中的一份中国精神。当看完《穆桂英挂帅》的时候，我热血沸腾，因为在那里我看到对祖国的一片赤诚；当欣赏《红鬃烈马》的时候，我潸然泪下，因为我感受到了传统文化中人们对爱情的那份坚贞和执着；当回顾《四郎探母》的时候，我眼眶泛酸，那是三千年来刻在中国人心中的一份感恩和孝心。有时，我为自己不能有机会真正学戏而遗憾，但有时我也不遗憾，因为只要我心存热爱，心存对戏的一份向往，它永远都是我心中最美的风景。

因为爱戏而爱上了中国文化，因为爱中国文化而更加爱戏。在戏中，我们能感怀历史和文化，在戏外我们能照见现实与自我。我会珍惜这份美好，珍藏这份灵动，珍存这份爱戏的少年心。

**冬梅同学：**老师，这篇戏曲题材的文章感觉又是另一种完全不一样的写法。

**包子老师：**嗯啊，你可以对比之前见过的越剧题材的文章，一起学习哦！

**冬梅同学：**“戏词”就是一个神器啊！只要一引用戏词，就感觉腔调满满诶！

**包子老师：**其实，“戏词”也是一种“诗词”，多看戏词也是学习中国传统文化以及中国古典文学的好办法呢！

**冬梅同学：**我要去搜集戏词！不要拦我！

**冬梅同学：**我觉得“缘来，情起；缘起，情深；缘深，情痴”这三组词汇好有意境啊，有一点“顶真”的感觉，但又不完全是。（一脸迷妹状）

**包子老师：**你还记得“顶真”？看来是有好好复习哦！汉字的修辞手法真的是奇妙无穷，就像刚才你说的这几句，你说不出来是什么具体的修辞手法，但就是觉得语言很有味道。

**冬梅同学：**我发现了一个很有“套路”的升华主题的方式，就是把素材和中国文化、中国精神相联系，瞬间就感觉自己“格局变大了”！

**包子老师：**你悟了！你懂了！聪慧如你！

# 23 我的名字叫月

我是一个方块字，我的名字叫月。

一千多年前的一个中秋夜，我与李白相遇了。那晚，一轮满月在云中彳亍，洒下银色的光辉。篱笆围起的院落里，总角之年的小李白依偎在妈妈的怀中，指着天上圆圆的盘子问是何物。这时，一朵淡淡的、薄薄的云飘来，像霓衣一样穿在了月亮的身上。“娘，那就是传说中的瑶台仙境吧！”是啊，那一个银盘飞在青云之上，远离人间，让凡人的羡慕遥不可及。那个儿时的夜晚，小小的李白因为对一个月亮的遐想，第一次失眠了。若干年后，“诗仙”横空出世，让我也成了盛唐的标志。

这就是我，一个叫作“月”的汉字，曾被寄予了无尽遐想。

一千多年后，一缕轻柔的月光透过窗子，洒在了窗台上，窗台宛若镀了银。窗前是你——卞之琳，清癯的脸颊上透露着悲伤，一支钢笔，一笺信纸，你书写着月亮，也书写着你自己。寒风透过窗户的缝隙，钻进你宽松的毛衣，你却不觉寒冷。因为比之更冷的是你的内心，十五年来，你心甘情愿做一个看风景的人，“明月装饰了你的窗子，你装饰了别人的梦。”然而寡言而矜持的你却骗不了自己的内心，多少次她入了你的梦，多少次你又在月下叹息。

这就是我，一个叫作“月”的汉字，曾被寄寓了无尽的情思。

而如今，我不再是虚幻的文字与美丽的传说，我与“嫦娥号”相遇了，明明白白；我与二十一世纪的中国相遇了，真真切切。“俱怀逸兴壮思飞，欲上青天揽明月”，一千年前李白的理想已成现实，夜空中的月不再是梦中的幻觉，也不再是传说。不用再感伤“人有悲欢离合，月有阴晴圆缺”，无须再感慨“今夜月明人尽望，不知秋思落谁家”。我是月，但我已不再是空中那一轮朦胧之月！千载神话已成真，万年痴想终圆梦！

这就是我，一个叫作月的汉字！我愿永远亮在华夏的天空！

**冬梅同学：**一看第一段，就知道这个文章很有新意了！

**包子老师：**你越来越懂了！

**冬梅同学：**这不就是“小时不识月，呼作白玉盘”的扩写吗？

**包子老师：**被你发现了秘密……

**冬梅同学：**那是不是我自己写作文的时候拿其他古人写“月”的诗词进行扩写就行了啊？感觉自己懂了，哈哈哈！！

**冬梅同学：**老师，这段我是真的看不懂了……

**包子老师：**要看懂这段话你要先了解一个人——卞之琳，然后了解她非常著名的一首诗歌《断章》，全文如下：

你站在桥上看风景
看风景的人在楼上看你
明月装饰了你的窗子
你装饰了别人的梦

今天先不做更具体的讲解，我觉得你可以通过自主学习的方式去了解它，利用互联网，查阅相关资料，这才是咱们这一代人要有的学习方式和态度。（冬梅心想，我跟包子老师你才不是一代人呢）其实，很多同学都忽略了现代诗的学习。如果能多关注“现代诗”，你将会打开一片新的写作天地哦！

**冬梅同学：**啊哟喂！又让我眼前一亮。原来，一个月字不仅仅可以和文学相联系，还可以和祖国的发展相联系啊，妙哉！

**包子老师：**冬梅同学你现在也越来越文艺了！

# 24 少年心

各位老师，各位同学：

大家好，很荣幸能在此跟大家分享我的一些点滴感悟。今天我演讲的题目是“少年心”。

都说“少年强则国强，少年智则国智”，在我看来，少年当有三颗心。

少年要有“初心”。人生之路不会一帆风顺，有顺境也有逆境。逆境中，我们遭遇风浪，难免会有灰心丧气的时候，此时我们要想一想当初的理想和志向，才会不迷失方向，才能“柳暗花明又一村”。当然，顺境当中，我们也不能骄傲自满，更要时常反思自己。《论语》中不也说“吾日三省吾身，为人谋而不忠乎，与朋友交而不信乎，传不习乎”吗？而我们更要反思“初心在乎”。初心，是困境中的灯塔，照亮前路；是顺境中的一泓清泉，洗濯心灵。

少年要有“诗心”。生活往往是忙碌的，学习也常常是枯燥的，如何在看似单调的生活中找寻到快乐呢？我想，我们需要一颗“诗心”。什么是“诗心”？就是善于发现生活中的美好，善于捕捉生命中的小确幸。苏轼在“乌台诗案”后被贬黄州，不安于平庸的他在一个夜晚发现了月光的美好，成就了千古名篇《记承天寺夜游》。一颗“诗心”，让颠沛流离的子瞻最终活成了潇洒豁达的东坡。诗，不应该是存在于纸上的一个个文字，更应该是少年心中的歌。

少年还要有“真心”。一方面，待人待物要有真心。生活中，凡是不真心待人者，终将被众人所抛弃，终将一事无成。相反，真心待人者总能在关键时刻得到别人的帮助，总能化危为安。另一方面，一个人更要对自己“真”。相信大家都听过一个成语叫“掩耳盗铃”，主人公以为骗过了自己就骗过了世界，而最后只是自欺欺人。在学习中，我们更要清醒地认识自己，不惧前路的荆棘，不用“阿Q精神”麻痹自己，勇敢地走出舒适区，做更优秀的自己。

最后，我想用一首自己写的小诗来结束今天的演讲：

是初心，点亮希望
是诗心，守护远方
是真心，乘风远洋
少年啊
天地很广
请你翱翔
愿你——
远航！

**冬梅同学：**终于来了一篇“演讲稿”！老师，我很早就想学习演讲了呢！

**包子老师：**演讲稿的开头是比较简单的，问候 + 直白地介绍自己的演讲题目，真的不需要用太多花哨的技巧。

**冬梅同学：**这是总起句？

**包子老师：**嗯，演讲稿最终是让大家“听”，而非“看”，所以在写作的形式上尽量“规整”一些，有总有分，这样听众会比较容易 get 到你的要点呀。

**冬梅同学：**老师，我的理解是要用类似于“排比段”的方式来进行演讲稿的写作，是吗？

**包子老师：**是的，这种形式是初学者最容易掌握的。当然，好的演讲稿不止一种形式。另外，演讲稿里面的诗词引用要尽量“大众化”一些，不然听众会听不懂。

**冬梅同学：**老师，我发现全文是玩了一个“文字游戏”啊！“初心”其实就是“相信自己努力奋斗”；“诗心”其实就是“知足常乐，寻找快乐的点滴”；“真心”其实就是“真诚待人，严以律己”。

**包子老师：**你说到了精髓啊！玩一点小小的“文字游戏”，会让文章增色哦！

**冬梅同学：**我发现现代诗好“万能”！

**包子老师：**哈哈，你也发现了它的好了吧！不过最后还是要说一说，在现实生活中，任何演讲都是要在研究“听众”的基础上进行写作，也就是说，针对不同的听众，要有不同的演讲内容和风格。说句题外话，演讲稿再好，都需要成功的演绎才行呢。

# 25 口罩过年记

我们是口罩家族，在 2020 年的中国，我们过了一个特殊的年。

## 与最美逆行者相伴

“10 号床病危，快！上呼吸机！”眉头紧锁，眼神坚定，每一个白衣天使都在医院里与死神争夺着生命的分秒。疫情初期，口罩告急，我们口罩家族在白衣天使的脸上常常一挂就是一天。当夜幕降临，当口罩摘下，他们的脸上是一道道被勒出的印痕。在那些印痕里，我看见了那最美逆行者的品格。

月亮在天中晕染出一个淡淡的黄晕，在本该团圆的日子里他们毅然选择逆行。与你们相伴，我们也很暖。

## 与最美邻里相伴

“大哥，我家日常备的口罩多，这一袋您拿着！”面对突如其来的关怀，老张的眼神从惊讶到疑惑又转为感动，虽戴着口罩，仍连说了好几声感谢。站在老张对面的是邻居小伙儿小王，戴着帽子、护目镜和口罩，俨然一个“外星人”。不过，尽管隔着重重“防护”，老张的心却被湿润了。住在钢筋水泥的城市，邻里很少打招呼。不曾想，这个年，因为这一袋口罩而显得格外温暖。

夜幕悄悄降下，整个城市都安静了。这是一个安静的年，但我们口罩家族却成了温情的纽带。与你们相伴，我们也很暖。

## 与最美友邦相伴

“山川异域，风月同天！”一箱箱捐赠物资被运往需要的地方。我们是口罩家族，也是来自海外友人的关怀。口罩的包装上，印着各国的语言，虽然无法具体识别，但有一个共同的声音：中国加油！这些口罩，被第一时间送到了医务工作者的手中，让他们在治疗病患的同时也保证自己的安全。这些口罩，就像是飞来的花瓣，让这个寂静的年有了美好与温馨。

又一场冬雪落下了，把大地刷成了静谧的白。这场雪，冷冷地下在了 2020 年。但是，只要真情相伴，我们都会很暖。

**冬梅同学：**希望大家看到这本书的时候，疫情已经过去了！

**包子老师：**祝福我们强大的祖国繁荣昌盛！

**冬梅同学：**老师请赐教写作方法！

**包子老师：**（今天冬梅有点反常）如果大家选择“三段式”的写作方法（尽管很多同学写过，也失败过，或者语文老师不让大家这么写），最重要的就是要学会“瞬间放大”。一定要把某一个很小很小的瞬间写得具体，千万不要把故事线拉得太长。

**冬梅同学：**包子老师请继续赐教！

**包子老师：**（冬梅今天果然很反常）“三段式”写作还有一个很重要的点——呼应。重要的事情说三遍：呼应，呼应，呼应！如果没有呼应，全文的三个片段就会彻底支离破碎。然而，有哪些呼应的方法呢？

**冬梅同学：**包子老师请继续！

**包子老师：**（摸了摸冬梅的额头，果然发烧了）我长话短说，可以用小标题呼应，可以用总起句或者总结句呼应，也可以是设置某个线索来呼应，或者是主题有内在的统一性。以后再慢慢跟大家讲解。（火速送冬梅去医院）

自由笔记区

# 西梅同学的思考

一个问号

是一株藤蔓

攀爬是它永恒的姿态

向上是它唯一的方向

直到——

在森林的高处俯瞰

沐浴最新鲜的阳光

嘿

那就是你的答案

# 原来这是“道”与“术”

- 青春最美的印象
- 我读懂了你
- 仪式
- 阳光
- 窗外

# 26 青春最美的印象

这，是对它最初的印象——

画面定格。面前是位憨厚的男子——董永，她是七仙女，听完他的一番诉苦，不无怜悯地唱道：“你好比杨柳遭霜打，但等春来又发青。”那是个黑白电影，那时的画面并不精致，那时的音效并不完美，但一颗年幼的心，就这样被黄梅戏塞满。

终于，机会来临。一次国学夏令营，我与黄梅戏的缘分，再起。本来安排学习京剧文化的课程，因为京剧老师临时有义演，换成了黄梅戏课程，这下可乐坏我了。而当老师说要教我们学唱《天仙配·路遇》的时候，我激动得差点跳了起来。

可是，抱着一腔热情的我却整整一天学不下一句唱词。每每到达关键的转音，我的嗓子就不听使唤，一再走音。我感觉自己就好像唱词里的杨柳，遭遇霜打风吹却等不到发青的日子。尽管老师多次安慰：戏曲本来不好学，能唱成这样已经很不错了。可是，深爱黄梅戏的我怎能就这样轻易放过自己？

那一夜，无眠。我悄悄地戴上耳机，翻遍了各种名家版本，严凤英、吴琼、韩再芬……每个名家都有自己的特色，每句唱词都完美演绎。月光越过树梢，闯进宿舍，洒在床沿。我突然有了一个大胆的想法：起床，找个偏僻之处，自己单独练习。这样想着，便再也睡不着了。悄悄地，我溜出宿舍，找了个僻静之处，轻轻哼唱起：“大哥休要泪淋淋，我有一言奉劝君。”夜晚的风，微凉，可我的心却流注着一股热气。唱，思，练，悟，那晚，一轮明月，一段唱词，氤氲成了最美好的回忆。

“没想到过了一晚上，进步了这么多！”老师惊诧，“这次的结营晚会上，就由这位同学来给咱们表演黄梅戏吧！”那一刻，我的心就好像遭霜打的杨柳，绽出了青葱的绿。

画面定格。面前是憨厚的“董永”，我是七仙女。那是个简单的舞台，我的妆容并不精致，我的唱功并不完美，“你好比杨柳遭霜打，但等春来又发青”，但一位少年的心，就这样被幸福塞满。

这，许是青春最美的印象吧——

**西梅同学：**近日，冬梅小主贵体欠安，我暂替冬梅同学前来听课。

**包子老师：**好的好的。（西梅同学说话这么有腔调吗）

**西梅同学：**看完第一段和第二段，我觉得应该马上去看看倒数第二段和最后一段，发现有一种“对称”的感觉。老师，晚辈此语，不知切中要害否？（西梅同学，你一直都是这么说话的吗）

**包子老师：**这种“双呼应”的写法值得借鉴。

**西梅同学：**我在想，如果这个文章的素材不是戏曲，这一段可能会显得平庸很多呢。（西梅终于装不下去了，恢复了正常说话的样子）

**包子老师：**是的，这一段赢在素材本身。

**西梅同学：**这段话我觉得写得挺一般的呀。

**包子老师：**非也。“我感觉自己就好像唱词里的杨柳，遭遇霜打风吹却等不到发青的日子”这句话很棒，能把自己的心境和戏词巧妙地结合起来，难能可贵哦。

**西梅同学：**严凤英、吴琼、韩再芬？啊，我觉得哪里见过……

**包子老师：**音乐老师上课的时候有给你们讲过黄梅戏的知识吗？（西梅同学感觉自己失忆了）其实，音乐课上很多知识都是可以用来写作文的哦，所以学科间的联系要关注哦。

**西梅同学：**老师，我发现励志类的作文总是会遵循一个固定模式：遇到困难——克服困难——获得成长。我觉得这样写好土啊！

**包子老师：**非也。（被西梅带得有点腔调）基本模式可以不用变化，但具体行文中还是有很多可以改变的地方，比如素材，比如结构，都可以有变化。你可以看看之前写戏曲的文章，和这篇做一下对比，你会发现，虽然遵循这内在的模式，但都各有特色哦！

## 27 我读懂了你

读懂黄州的月光，就能读懂你。

“缺月挂疏桐，漏断人初静。”那时的你，寂寞无法自遣。于是，你便把自己想象成一只孤鸿，从遥远的汴州飞来。不，不是飞来，是被当成囚徒“捆绑”过来。那些小人的呵斥，那些丑陋的嘴脸，清晰地浮现在你的眼前。你只是写写诗，唱唱歌，却招来那么多莫须有的罪名。“乌台诗案”是一块未痊愈的伤疤，那晚月光再次把它撕裂了。难怪你那么悲伤，“拣尽寒枝不肯栖，寂寞沙洲冷。”

“何夜无月，何处无松柏？”那时的你，虽然寂寞，却庆幸有友人相伴。你与张怀民“相与步于庭中”，共同欣赏在庭中被月光剪碎的松竹柏影。到底什么是“闲人”呢？你似乎还有一些不甘，还有一些无奈，还有壮志未酬的失落。但你已经能够随时让自己释然，哪怕只是夜里凉凉的微飔，也能让你的心悄然打开。那晚后来发生的事情已无从知晓。是否，你们斟一盏清酒，一夜畅聊？是否，你们静对无言，只赏月光？

“月出于东山之上，徘徊于斗牛之间。”扁舟一叶，歌数阙，好友二三，这就是东坡赤壁。也许是那晚的月光格外清澈，你似乎完全忘记了命运的坎坷，你似乎只记得心中的那份安适与恬然。“盖将自其变者而观之，则天地曾不能以一瞬；自其不变者而观之，则物与我皆无尽也。”那晚的你，竟能把时间和空间看得如此通透！你不仅忘记了愤怒，忘记了悲伤，甚至你也忘记了那些柔情与缠绵。你自己，就化作了一缕月光，永远地留在了那东山之上。

如果懂你
应把诗意披在身上
那些孤独
那些惆怅
那些彷徨
统统碎裂
祭成宋朝的月光

**西梅同学：**莫非要写苏轼？

**包子老师：**这么容易就猜出来了吗？（西梅得意地笑着）

**西梅同学：**嗯？

**包子老师：**（看出西梅不太能读懂文章）这是苏轼在黄州写的一首词，叫《卜算子·黄州定慧院寓居作》，描写了苏轼看到一只孤独的大雁在夜晚独自“拣寒枝”的情景。其实，苏轼把这只大雁想象成了自己。

**西梅同学：**嗯？

**包子老师：**（还没等西梅说话）对！这就是大家熟悉的《记承天寺夜游》。这篇文章最重要的就是要理解一个“闲”字，既有被贬的悲伤，又有看破命运的淡然与豁达，还有对月夜的喜爱。理解了“闲”，不但能理解这篇文章，还能理解很多中国古人的情感呢！

**西梅同学：**嗯……

**包子老师：**（没发现西梅的内心戏）这里涉及苏轼的名作《赤壁赋》。这篇文章太有哲学意味了，有关于“变”和“不变”的哲学思考，有关于宇宙和人生的探讨，是很有思想深度的文章呢。

**西梅同学：**老师，您说！（西梅情商果然高，看出今天老师表达欲爆棚）

**包子老师：**现代诗结尾，对咱们同学而言已经不新鲜了，哈哈！

# 28 仪式

切两刀，分四瓣，爸爸一瓣，妈妈一瓣，剩下都是我的。

几乎成了一种仪式，每年中秋节，我们都会把月饼这样划分。月饼的馅料和模样每年都在变，但这样的仪式感每年都不曾变化。里面究竟有什么，我也说不清楚。

今年，月儿高挂。

“我吃一瓣就够了，腻得慌！”妈妈一直不爱吃甜食，每年的月饼对她而言似乎都是一种折磨。她眉头微蹙，两颊微红，拇指和中指轻轻拈起月饼，小心地递到唇边，刚咬一小口就放下，转而呷一小口茶。看到她“优美”又“滑稽”的动作，我不禁想笑。尽管如此，妈妈每年都认真地吃完手上的月饼，一丝不苟地完成着这个仪式。

“今年月饼不赖！”爸爸对于甜食的爱似乎从他说话语气里就能感受得到。每年挑选月饼的工作都由他“乐此不疲”地完成。他也是小小地咬一口月饼，不过和妈妈不同，他是在细细品味，仿佛生怕错过味蕾上的每一个细微刺激。他挑着眉毛，看着我：“快吃，尝尝今年爸爸买的月饼成不成功！”接着他的眼神又移到了月饼上。假若换了别的甜食，我爸一定是统统包揽。可今天的月饼，爸爸却只吃四分之一。这，也是一种仪式。

而我呢，出生在各种精致甜食琳琅满目的时代，对于月饼并无特殊爱好。我只是仪式性地把月饼塞进嘴里，感受着口腔里甜香的融合。嗯，没有妈妈说的那么腻，也没有爸爸夸的那么好吃。然而，这月饼似乎有一种说不出来的味道。

什么是仪式呢？也许就是每年中秋，三人围坐，分享同一块月饼。这小小的仪式中，却饱含着家的幸福和温暖。中秋之夜，不管爸爸妈妈在工作上遇到多少烦心事，不管手头还有多少没忙完的工作，定会带着笑意去享受这份温暖。

吃完月饼，舔一舔嘴角，我突然又有了新的发现：爸爸和妈妈手上的月饼合起来，恰好就是我手上月饼的大小。我的爱是他们爱的相加，而我们三人在一起才是完整的圆。

窗外，月儿正圆。

**西梅同学：**看起来这个开头平平无奇啊。

**包子老师：**好戏在后面呢！

**西梅同学：**我妈就是这样吃月饼的，哈哈！

**包子老师：**“眉头微蹙、两颊微红”，这句话不仅适用于吃月饼哦！西梅，你觉得还可以写哪些场景呢？

**西梅同学：**我发现写作的时候“分类思维”特别重要，这个文章之所以能写得顺，是因为把吃月饼的情景分三个人来写。

**包子老师：**嗯嗯，西梅你说到了很重要的一点——“分类思维”，这是学习当中要经常注意培养的思维。

**西梅同学：**这段话说出“真相”了。（西梅联想到了自己）

**包子老师：**嗯嗯，勇敢地结合真实情况去写才是好文章。很多同学不敢写，觉得对月饼“并无特殊爱好”是负能量，是不能写进作文里的，非也。

**西梅同学：**吃月饼是“表面”，家的温暖才是真正要表达的。老师，我似乎懂得仪式是什么了。

**包子老师：**“仪式”是寄托了人的某种情感的行为，所以写“仪式”重要的就是点明其中蕴含的某种情感。

**西梅同学：**老师，这个“数学题”玩得“真溜”啊！

**包子老师：**（数学不好的包子老师尬笑）是啊，是啊……

**西梅同学：**这个结尾有意思了，还可以这么做吗？

**包子老师：**当全文已经点明了主旨的情况，可以用极简的环境描写来结尾，造成言有尽意无穷的感觉，有点虚实结合的味道，很有意境哦。

# 29 阳光

生命的路上，总少不了微寒，而那些幽幽的诗香，恰似一缕温煦的阳光。

有时，残酷的现实像一块寒冰，让人绝望。这时，我们不妨吟一吟诗。“兰之猗猗，扬扬其香”，你是如兰的君子，散发着正直、坚韧的微香。那时的你虽然发出“其曷为然”的呼喊，但并不愤世嫉俗，依然保有一颗赤子之心。因为你知道，在那雪霜过后，荠麦依然能顶出一个春天。韩愈，字退之，正如你的名字一般，在官场上你退了，可是在灵魂上你却升华了。“君子之伤，君子之守”，尽管你心中的阴云没有散去，但你绝对不会向世俗和现实低头。你听，是《幽兰操》在那个盛唐回响，似一缕阳光，暖化了我的心房，让我明白，人需要一份坚守，需要一个梦想。其实，接近诗，你就接近了阳光。

有时，喧嚣的世界像一张网，我们常常被网得找不到方向。此时，不妨品一品诗。“黄梅时节家家雨，青草池塘处处蛙。”这个潮湿的季节似乎带着天然的不安，再加上池塘深处那聒噪的蛙，扰乱着夜的静谧。望向窗外，夜已深，友未至。眼前的一盘鸳乌，空置着。如果换作别人，一定耐不住寂寞，一定焦躁地来回踱步，而你呢，悠闲地敲着棋子，不紧不慢，咚，咚咚，给这个夏夜增了几分闲适。闲敲棋子，敲出的是一份超然与平和。这样的敲棋声，似一缕阳光，照亮了前方，让我明白，人需要一份淡然，需要一份宁静。原来，接近诗，你就接近了阳光。

有时，柴米油盐的生活似乎过于平淡，像一片阴云，让我们觉得生活灰暗。这时，我们不妨读一读诗。“昆山玉碎凤凰叫，芙蓉泣露香兰笑。”面对这样的诗句，我们似乎穿越回一千多年前的那个秋天，我们似乎也感受到了“空山凝云颓不流”是怎样的境界。我们的思绪跟着平仄之音起起伏伏，我们也梦入神山，我们也独倚桂树。那斜飞的露脚，不仅仅湿了寒兔，也湿了我们的一亩方寸。怪不得，这箜篌声感动了紫皇，怪不得，那十二门前凝了冷光。一首诗，一段音乐，正像一缕阳光，能驱散生活的黑暗。是啊，接近诗，你就接近了阳光。

不再绝望，不再迷茫，不再灰暗，因为我在诗中找到了太阳。

**西梅同学：**老师，以前我看到这样的作文题，总觉得应该写“励志”类型的作文，或者写“温暖”类型的作文，没想到还可以写书给我送来阳光呢。不过，《幽兰操》是什么？

**包子老师：**你这波反思操作很棒。《幽兰操》是韩愈写的赞美孔子的诗，其实孔子自己也写过《幽兰操》。你发现了吗？文学之道是什么？是积淀后的爆发。所以，写作绝对不是一蹴而就的事情哦。

**西梅同学：**老师，你说写作要积淀，但有时候我的问题就是积累了以后不会用。

**包子老师：**这就是“术”的问题了。这段话就给你提供一种“写作之术”。赵师秀的《约客》我们都学过，但如何把它成功地写进作文呢？你仔细观察，这段话其实是《约客》的“翻译”，不是常见的“直译”，而是带着合理想象的“意译”。这样去解读诗词，就是一种“术”。

**西梅同学：**老师，我查了，这段话写的是《李凭箜篌引》。

**包子老师：**表扬你的自主学习精神哦！其实，全文用的“写作之术”都是一样的，就是“意译”，不过最终呈现的效果好坏也完全取决于平时的语言积累。

## 30 窗外

“云敛清空，冰轮乍涌，好一派清秋光景。”

五年了，再次听到这样的声音，心中还是不免有些刺痛。从进入京剧兴趣班的那一天开始，我似乎就感觉到自己并不是学戏的料。流过汗，淌过泪，但我始终不能成为舞台上的主角。独坐书房，夕阳渐渐褪成了浅绛。

窗外，一片熟悉的黛绿映入眼帘。苔花？是它，从小就认得。它“叶不成叶，花不成花”，与周围连成一片。我甚至找不到一个好的形容词来描述它。它，太卑微了。这小小的青苔和我是多么相像，在一个不起眼的角落，做着孤独的挣扎。

思绪飘向了那个破败的随园，那时的袁枚是不是也如同我一样兀自成伤，才会吟出那句“苔花如米小，也学牡丹开”？诗词的意义早已知晓，它告诉我们再艰难也要绽放出属于自己的美好。可是，我反倒觉得，这诗对我是一种讽刺：苔花不管如何努力，也不可能成为牡丹。和苔花一样，我的所有的抗争，无非是另一种形式的自欺欺人。在京剧班，我只能是一朵小小的苔花，毫无回旋的余地。

然而，这似乎不应该是故事的全部——

我想起了那些往事，在民乐团里，我是无可替代的二胡首席，每到演出的时候我都是最引人注目的存在；在围棋社里，我是受人称赞的棋手，每到比赛我总能拿回金灿灿的奖杯。习惯了“牡丹”生活的我，有着一份固执和倔强。

思绪收了回来，收到了眼前这小小的苔花上。此时的我却突然有了不一样的想象：对于苔花来说，环境是个单项选择题，选择了此处就不能选择彼处。但我们呢？环境是多样的。京剧也好，围棋也罢，每一个领域都可以涉足。我们没有必要因为在“此处”成为苔花就唉声叹气，因为在“彼处”，我们仍旧是“牡丹”。再退一步，作为一朵花，你爱脚下的土地，这就够了，何必在乎自己是苔花还是牡丹？是啊，我爱京剧，这就够了，何必在意我是不是主角？

原来，我们不可能是所有领域里的主角。而明白了这一点，我们才可能成为生活真正的主角。

突然，心好像打开了一扇窗。

窗外，月色正好。

**西梅同学：** 老师，不是说写作一开始一定要点题的吗？

**包子老师：** 并不是“一定”要点题。你会发现很多优秀的文学作品，一开始都“不点题”。其实，关于“点题”是我们写作中的一个误区。有些文章看似“点题”，实则“离题”，有些文章看似“从不点题”，却“句句都在题内”。（西梅同学听得有点晕……）点题是一种“写作之术”，既然是“术”，可用可不用，可视情况而用。

**西梅同学：** 由“苔花”想到了袁枚的《苔》，这个迁移很厉害！

**包子老师：** 这种“文化迁移”，能反映出一个人读书的情况。

**西梅同学：** 我觉得，这个作文题换成“学会放下”，也可以吧？苔花让我学会放下包袱，学会认清生活的真谛。

**包子老师：** 一篇好的作文，往往可以发掘很多“点”，所以不会局限在一个“作文题”里面。其实这篇作文还适用于很多不同的作文题哦。

**西梅同学：** 这个结尾的方式之前讲过，是一种“写作之术”对吧？

**包子老师：** 很对！记住哦，所有的“写作之术”都要在“写作之道”上去应用，不然就是空中楼阁哦。

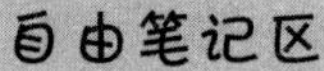
自由笔记区

# 这一波作文需要“脑补”题目

- 无题文（一）
- 无题文（二）
- 无题文（三）
- 无题文（四）
- 无题文（五）

# 31 无题文（一）

一个月夜。

手动对焦，光圈 7.0，IOS150，咔嚓！又一张数码照：黛蓝的天空中，一轮明月高挂。要是论相机的专业度和照片的技术品质，我的“月夜照”无懈可击。可是，摄影老师扫了一眼照片，清癯的脸上依然是一副淡漠：“重拍！”我不明白，我的照片到底哪里不好。

又一个月夜。

“今晚云层过厚，不适合拍月亮，来，看一下这个影集！”老师随手把一本泛黄的影集递给我——是摄影大师安塞尔·亚当斯的作品。接过影集，随手翻看，突然被眼前的一张照片震惊了。那是一幅叫作《月升》的作品：当太阳的余晖还没有散尽，明亮的圆月已经冉冉升起。山顶飘飞着层层云雾。山脚下，静静的村庄旁，是一片静静的墓地，十字架碑闪着灼灼白光。天上地下，仿佛回荡着一曲深沉的生死交响乐。这是一张拍摄于 70 多年前的黑白照片，当时的摄影器材和现在简直不能同日而语，可是，为什么它如此完美？是不是我对于摄影的理解有所偏差？我好像明白了老师的用意，其实，一张好的照片需要美的灵魂。

无数个月夜。

尽管明月高挂，我却暂时无心拍照。因为，我要先找到心中的那个月亮。那个月亮，可能并不仅仅在天上，还在更多的艺术作品中。“愿逐月华流照君”，在古典诗词中我品味月光背后的温情；“明月装饰了你的窗子，你装饰了别人的梦”，在现代作品中，我细细思考其中的哲学意蕴。有时候，也会反复研究莫奈的作品，感受印象派的唯美，有时候也会听听柴可夫斯基的作品，感受协奏曲的和谐……原来，摄影是一门综合艺术，而不仅仅是一门技术。在这看似无用的学习中，我似乎越来越明白了，什么是一张照片的灵魂。

不一样的月夜。

熟悉的调焦动作，熟悉的快门轻响，熟悉的月光下是我不一样的心情。“咔嚓！”又一个月亮被定格在穹远的天空。我微微翕动鼻翼，有些紧张，随即嘴角上扬。我终于找到了那个月亮！

**西梅同学：**老师，拍照也是男孩子最喜欢的活动之一啊！

**包子老师：**看来你的课余活动很丰富！

**西梅同学：**《月升》是摄影大师安塞尔·亚当斯的作品，我当时看到的时候真的觉得太绝了！

**包子老师：**有机会你可以给全班同学讲一讲你喜欢的摄影。

**西梅同学：**得嘞！您瞧好吧。

**西梅同学：**"无数个月夜"，这个操作666啊，老师！

**包子老师：**哈哈！卞之琳的《断章》之前和冬梅同学提到过，这里又出现了哦！"愿逐月华流照君"是《春江花月夜》里面的句子啊。这一段看似写摄影，其实展现出了极强的底蕴。

**西梅同学：**窎远、翕动，这些词我都已经记完笔记啦，又学到一波好词，哈哈！

**包子老师：**最后，你来给本文起个题目吧？

**西梅同学：**……

# 32 无题文（二）

天，静静的；阳光，亮亮的。

爷爷，专注着，抿着嘴，眉毛拧成了一条灰白的直线。他一手拿个锯子，一手按着木条，时而抬起头，似乎那里是他生命的全部。终于，完成了一部分。他的嘴角漾起了一丝淡淡的笑，这是平日里不常见的。

只是因为我的不经意的话，说想要一个自制的书架，说在同学家看到了一个浅绛的书架，说商店里从来没有这样颜色的书架。于是，爷爷就开始到处收集木板。没几天，院子里果然奇迹般地出现了大大小小的木板。那天，我的小心脏一下子活跃起来，不知所措了，我仿佛看见了，看见了那个美丽的书架款款而来……

眼前的，爷爷的这笑容又收敛了去，消逝在了他重新聚焦注意力的过程中。那简直是一幅绝美的油画。阳光给他勾上了一条金色的边，又把他弯曲的脊背剪成了一条美丽的弧线。他鼻翼翕动着，偶尔停下来量一量尺寸，像是雕琢一件艺术品。他的眉头一会儿微蹙，一会儿舒展，额头的青筋微微跳动着，脸上的皱纹里似乎沁出汗水。

“我家的书架就是自制的！”犹记得数日之前同学在我面前的炫耀，犹记得他领我去他家的时候他脸上挂着的那份骄傲。我抚摸着他的书架，一阵小小的电流从指间传到心间。是啊，那时候我也是多么想要一个一模一样的书架。不，一个比他更漂亮的书架！

“喏！这就是咱们丫头的书架，明天就可以上漆了！”完成了？完成了！我不敢相信自己的眼睛，仅仅一个下午，爷爷就给我做了一个书架。“看来还没老，当年的手艺没有丢，呵嘿！”然后，他点起一根烟，猩红的烟头在阳光下闪了一下。他满意地盯着自己的艺术品，眼睛里还有一抹难以名状的光泽。

我想象着几天后的情景：风来，漆干。把它放到房间的一角，把书一本本放进去。那欢喜，将会宛如花瓣，在心里，一点点绽开。放满书的架子，一定是一株亭亭玉立的莲，安静、饱满。

此刻，他入了迷，我也入了迷。云儿浅淡，风却轻暖，把我们镶嵌在了那一寸时光之中。

**西梅同学：**爷爷这是要干吗？怎么又没有题目啊？

**包子老师：**题目留给你思考吧。这段话的细节描写很重要，我建议你背下来。嘴、眉、手，这些描写不仅仅适用于爷爷做木工，还适用于很多场景哦。比如“奶奶做刺绣：奶奶，专注着，抿着嘴，眉毛拧成了一条灰白的直线。她一手拿一枚绣花针，一手轻持绸缎，时而抬起头，似乎那里是她生命的全部。终于，完成了一部分。她的嘴角漾起了一丝淡淡的笑，这是平日里不常见的”。

**西梅同学：**666 啊！

**西梅同学：**一次插叙。

**包子老师：**没错。

**西梅同学：**回到做木工的场景中。

**包子老师：**没错。

**西梅同学：**又一段插叙！

**包子老师：**没错。

**西梅同学：**又回到现实场景中。

**包子老师：**没错。

**西梅同学：**思绪又飘出去了！

**包子老师：**哈哈。

**西梅同学：**老师，我有个疑问，文章的主要故事是“爷爷做书架”，但中间却不断地“打断”，这样的写作形式真的没问题吗？

**包子老师：**完全没问题，有一本获得茅盾文学奖的书叫作《冬天里的春天》，就把这种写作方法用到了极致哦！其实，此文就是借鉴了《冬天里的春天》这本书。唯一要注意的就是，每次“打断”故事主线以及“回归”故事主线的时候，都要用合适的句子提示读者，不然读者就真的晕了。

# 33 无题文（三）

如果高尚有密码，密码在哪里？

“翼然临于泉上者，醉翁亭也。”梦回琅琊，我遇见了那个苍颜白发的老者。几杯浊酒，数碟野蔌，一卷诗文，独享一份闲乐。微醺的你，脸上晕开一片浅绛的云，眯缝着双眼，鼻翼轻轻翕动，嘴里吟咏着：“人知从太守游而乐，而不知太守之乐其乐也……”我好奇，数载哀欢，被贬滁州，你是如何保持那份从容与豁达的呢？如果快乐有密码，你的密码到底在哪里呢？曾经深陷政治旋涡的你，又是如何坚守内心的一泓清泉而不为世俗所污染的呢？如果从容有密码，你的密码又是什么呢？

“横眉冷对千夫指，俯首甘为孺子牛。”梦回旧上海聚丰园，我遇见了那副铮铮铁骨。一首《自嘲》震惊四座，郁达夫给你斟了一杯酒，却见你清癯的脸上写满了斗志。是啊，笔就是你的武器，可这个武器既坚强又脆弱。七天前，你被北洋军阀政府“谈话”，你知道这其中的危机重重，可是你从没有想过退缩。树人，其实你树的不是你自己，更是一个大写的中国人。在暗流汹涌的社会中，你又是如何保持内心那份炽热的呢？如果抗争有密码，你的密码在哪里？如果执着有密码，这密码又是什么？

“同心灵的高度相比，尘世的一切显得多么卑下。”梦回一八六九年的那个秋天，我遇见了你，列夫托尔斯泰。长髯覆盖了两颊，遮住了嘴唇，遮住了皱似树皮的黝黑脸膛，一根根迎风飘动——这是茨威格笔下的你，也是我心中的你。“永远流浪的天才灵魂，在一个土头土脑的俄国人身上找到了归宿”是对你真实的写照。人们常常将你的其貌不扬和陀思妥耶夫斯基的器宇轩昂相比较。可是，我却更喜欢你大地一般的质朴气质，喜欢你字里行间透露的赤子之情。如果，高尚有密码，你的密码在哪里呢？如果，伟大有密码，你的密码又在哪里呢？

我思索着，思索着，到底是什么能打破时空的阻隔，给灵魂注入最珍贵的养料？直到我再次读到那首小诗：为什么我的眼里常含泪水？因为我对这土地爱得深沉！

哦！我终于明白了，是一份对人民的关怀，是一份对社会的责任，是一份对真理的孜孜不倦，这，就是他们的密码！

**西梅同学：**既有原文引用，又有对欧阳修生平的精炼概括，还有对欧阳修的赞美。老师，我说得对吗?

**包子老师：**非常正确哦，其实这类文章的写作方法并不复杂，难就难在对名人的了解要细致，要深入。

**西梅同学：**我一直知道“横眉冷对千夫指”这句诗，但从来没有想过去了解这首诗的写作背景呢。

**包子老师：**你说的这个情况在学习中非常普遍。因为“熟悉”而忽略了背后的很多东西。所以，从熟悉的内容中发现新意，同样重要哦。

**西梅同学：**这段话的素材来源似乎是茨威格的《列夫·托尔斯泰》。我发现整个文章没有脱离语文教材呢。

**包子老师：**你说对了，其实咱们学校的语文教材中就有很多值得继续挖掘的点，所以既要多补充课外知识，也要吃透教材哦。

**西梅同学：**文章还是没有题目吗?

**包子老师：**留给你了。

# 34 无题文（四）

开了？开了！真的开了！

不枉我连日的呵护，不枉我长久的等待。昙花嫩黄的蕊轻轻探出头来，舒张着筋骨，似乎要把经年积蓄的力量全部释放出来。花瓣还没有完全张开，那里面似乎有一片辽远的天地。我的思绪也跟着那细长透白的花瓣渐渐展开——

几周前的那个午后，穹远的天空中挂着一丝微云，阳光照在素描纸上，有些刺眼。“线条凌乱，构图不当，这不是我想要的结果……”我瞥了一眼自己的画，喟然。“妈，我想……我想放弃绘画……”我嗫嚅着。她顿了顿，回答出乎我的意料：“也好，你歇几周，喏，刚买了盆昙花，你来照顾。”昙花？我只在书里读到过它，从没有见过它真正的样子。那时的我有些惊讶，有些欣喜。

思绪收了回来，眼前昙花的叶子也更鲜亮了，墨绿中涌动着勃勃的生机。我突然想起张晓风《花拆》里的话：昙花的拆放是一种扎实的美，美在过程，而不在结局。曾经因为这句话我喜欢上了昙花。那时的我似乎也懂得了，花开的美好并不是养昙花真正的意义。

突然，心里一震——

脑海里划过那些画面：多少个春天，忘我地挥动手中的画笔；多少个夏日，忘记额头已被汗水沁湿；多少个杪秋，久久专注于纸上的图案而不觉日已渐暮。曾经的我，从来不想是不是能画好，只享受画画过程的快乐。而现在呢，我却患得患失。

眼前，昙花完全开了，它享受着生命的欢乐，挥舞着洁白的水袖在月光下舞蹈。它，日积月累地生长，终于迎来了自己的“高光时刻”。或者，在昙花看来，这盛放也不是结果，只是整个生命过程中的一瞬。

原来，结果本无所谓有，无所谓无。如果专注于当下，过程中的每一瞬间都很旖旎，如果专注于未来，过程中的每一刻也都是宝贵的积蓄。既然这样，有没有结果，又有什么重要的呢？我重新拿起画笔，铺开稿纸，我要画下这昙花，更要把这昙花画进我青春的园圃中。

没想到，真没想到，一幅画，一次挫折，一朵花，一次相遇，让我有了如此的收获！

**西梅同学：**每一篇文章的开头我都好喜欢啊！

**包子老师：**我故意把原文题目给删除了，你看完文章告诉我题目是啥哦。

**西梅同学：**“那里面似乎有一片辽远的天地”这句话我好喜欢。

**包子老师：**找得很准！

**西梅同学：**插叙，似乎是个常用操作啊。

**包子老师：**是的哦！

**西梅同学：**回到眼前。感觉这种写法好熟悉啊！

**包子老师：**往之前的文章上找一找吧。

**西梅同学：**杪秋？这是什么神奇的词汇？

**包子老师：**深秋的另一种写法，是不是很文艺呢？赶紧记下来吧！

**西梅同学：**这个感悟我想到了呢，“过程比结果更重要”是常用的一种升华方式吧？

**包子老师：**没错哦，你很聪明！

**西梅同学：**我还是“格局”小了。这才是真正的人生哲理啊。当结果和过程没有差别的时候，当一个结果是另一个过程的起点的时候……

**包子老师：**有点“禅意”了哦！

**西梅同学：**老师，我突然有想法了，这个作文就叫“没想到，真没想到”，意下如何？

**包子老师：**不错不错（西梅竟然一眼看穿原文题目）

# 35 无题文（五）

“蓝脸的窦尔敦，盗……盗……”

“哈哈——”音乐课上，我凌乱的节奏、失准的音高引来了哄堂大笑。涨红了脸，低下了头，羞赧的我不知所措。午后的阳光照进音乐教室，刺痛我的眼睛。琴声优美，却一声一声击碎着我的心。

……

“蓝脸的窦尔敦盗御马，红脸的关公战长沙！”

“哇哦！”同样是音乐课，大家为我鼓掌，带着惊奇。涨红了脸，低下了头，我内心却涌动着自豪。午后的阳光照进教室，和煦温暖。琴声那样优美，一声一声为我喝彩。

一年前，被嘲笑的是我；一年后，被赞美的也是我；一年中，破茧成蝶的更是我——

时光退回那个周末。鲜红的成绩单，赫然的第一名，终于换来了课外音乐班。那一刻，我知道，我的征程才刚刚开始。

音阶练习和节奏练习异常枯燥，而我从没有想过退却。奇迹般地，三个月后，我找到了音准，找到了节奏。就在我以为可以唱出动听歌声的时候，新的打击再次袭来：干涩、生硬，这就是一个没有歌唱天赋的人发出的声音。没有歌唱天赋？这又如何！我知道，我需要再次出发！

真正的歌唱从气息开始，而气息的练习却不能一蹴而就。虽然每周只有一次音乐补习，但气息的练习却可以融入日常生活。一有空闲，我就对着墙练习“蜘蛛吐丝”；一到课余，我就悄悄练习“打嘟”。（“蜘蛛吐丝”和“打嘟”都是练习气息方式）老师说，唱歌的时候需要“以气带声，以情带声”，一开始我完全找不到方向。草木菀枯，时光流转，窗外青葱的绿褪成了枯槁的黄，又覆上皑皑的雪。突然有一刻，我似乎找到了歌唱的方式，我感觉自己是一根中空的管道，声音贴着后咽壁传到脑后，又从眉心传出，而此时腹腔和胸腔也产生了共鸣。我似乎明白了：这就是老师说的“对抗式”歌唱方式。那一刻，我坚信，那个属于我的时刻，不远了！

一年，很长很长，记录着酸甜苦辣；

一年，很短很短，因为爱上了出发。

**西梅同学：**包子老师，最后一行的省略号你是认真的吗?

**包子老师：**没毛病哦，表示省略部分内容。另外，这个标点符号也起到了“视觉分割”的作用，因为下一部分和这一部分要形成对比。

**西梅同学：**把起因和结果放在一起写，形成对比，这波操作又是666啊!

**包子老师：**我开始佩服我自己的范文了……（有点自恋）

**西梅同学：**一句话总结了上文，引出了下文，这波承上启下也是很赞。

**包子老师：**（继续自恋中）

**西梅同学：**看到“赫然的第一名，终于换来了课外音乐班”，莫名感觉有点小伤感。没有好成绩，连兴趣班都不被允许……

**包子老师：**（不知该如何回答这个尖锐的问题）

**西梅同学：**“草木菀枯”这四个字很有新意诶，比“时光荏苒”要好。

**包子老师：**“陌生”的语言总是能莫名地激发读者的兴趣。

**西梅同学：**这个结尾我确实是第一次见到，学到了。

**包子老师：**别忘了给这个文章再起个题目呀!

自由笔记区

# 换个题目也未尝不可

- 慢的哲学
- 社区的傍晚
- 做一颗种子
- 家乡的榆钱儿
- 静静的幸福

# 36 慢的哲学

我家，藏着一种哲学。

一针，一线，外婆缝补的时候总是很专注。有风吹过，卷动她的发丝，像秋天的芦苇般飘扬，一朵朵洁白的芦絮起伏。“衣服破了再买一件就好啦，不用补！”大家都这么劝她。可她却有自己的坚持。阳光透过柘树的叶子，细碎地洒在她肩头。浅绛、黛绿、藤黄，她的针线盒里填满了颜色。她用针线把爱都收拢来，贴紧我们的身体。贴紧我们身体的，还有外婆密密的手纹，那是她密密的爱。她总说，东西破了，别着急，慢慢补一补。这，是外婆的生活哲学。

一笔，一划，妈妈手写输入信息的时候同样很认真。落日的余晖褪去了晚霞的最后一抹酡红，夜，仿若半透明的墨油纸一点一点铺展开来，剪出了妈妈微微弯曲的背影。“发语音就好啦，手写多慢！”我总这样对妈妈说。“虽然慢，但文字更凝练，我喜欢书写的感觉！”她总是这样坚定地“回击”我。窗外的霓虹灯斜斜地闯进书房，却被妈妈温柔地化开了。“一点一横长，口字在中央……”我想起童年时妈妈教我的字谜歌。这，是妈妈的生活哲学。

一字，一句，我也学着大人的模样，认真地诵读。杪秋的夜，是有一些微凉，但凭着栏杆，有美文相伴，我喜欢在文字中悠悠地徜徉。“你读得太慢啦，我们都读完好几页了！”耳边经常是同学对我小小的“嘲讽”，但我不以为意。在我看来，那文字就是外婆手中的针线，不紧不慢，那诗词就是妈妈指间的节奏，抑扬顿挫。教室里的嬉闹和嘈杂都被过滤了，余下的只有书香，氤氲。我终于明白了外婆的哲学、妈妈的哲学，我想我也有自己的哲学。眼前的纸页上，是木心的一首诗：从前的日色变得慢，车，马，邮件都慢……

其实，外婆、妈妈还有我，我们是一样的哲学。你，可曾发现？

**西梅同学：**我想起来之前的文章里有一篇写到爷爷做书架。这篇是外婆绣花，真的“秀”出了天际！

**包子老师：**“她用针线把爱都收拢来，贴紧我们的身体。贴紧我身体的，还有外婆密密的手纹，那是她密密的爱。”这句话值得好好品味哦，结构感特别强。

**西梅同学：**我妈也是这样的，从来不喜欢打字，都是手写输入。

**包子老师：**现实生活中，手写输入的真实原因可能是“不会拼音打字”。（偷笑）但写到文学作品里的时候，可以“适当改造”，变成对文字的尊重。这样的“改造”，没毛病哦！

**西梅同学：**诶？我又看到了“杪秋”这个词！

**包子老师：**很细心！对了，“室里的嬉闹和嘈杂都被过滤了，余下的只有书香，氤氲。”这句话是老师很喜欢的句子哦，可以摘抄下来。

**西梅同学：**老师，我发现这个文章的题目不一定非得是“慢的哲学”，当题目是“家风”的时候，似乎这篇作文也可以用吧？（得意的样子）

**包子老师：**嗯嗯，你说得没错。其实，一篇好文章可以有好多不同的题目，这就是“一文多题”。

# 37 社区的傍晚

傍晚是什么味道呢?

是辣，对，是辣。那是从张阿姨家飘出来的香味，辣、麻辣，一如她四川人的性格。“电动车不许上楼！快，快推出电梯！”她故作嗔怒地笑着，有点“凤辣子”的味道。推电动车进电梯的小伙子瞬间红了脸，像一颗蔫儿了的辣椒，无奈，为了社区的防火安全，电动车被乖乖地停在了楼下。张阿姨又从窗户里探出头来，“视察”着楼下的情况，见电动车安好，才放心地收回目光。突然，她翕动着鼻翼闻了闻空中的味道：“甜？哪来的甜味儿？”

甜味儿来自隔壁的包叔。上海人，爱做菜，说话细声细气，遇事从不挤眼，他挂在嘴边的话就是“家和万事兴”。傍晚，他的厨房里总是飘出丝丝的甜，这是冰糖银耳，炖了一下午了，就等媳妇儿下班回来品尝。嘿，原来他是个“家庭煮夫”，没少招邻里的议论。可如果你了解他的职业就不会这样说啦。他，是个作家，每天就在家埋头写作。别人问他写了些啥，他就眯起眼睛，嘴角上翘，露出一口白牙：“随便写写，随便写写……”直到他在报纸上发表的文章被读晚报的大爷发现，他才不好意思地努了努嘴。

咦？哪来的苦味？

那是二楼的澹台奶奶，年轻时是个京剧演员，最近身体欠佳，熬上了中药。以前，傍晚的霞光里总有她的“西皮流水”：听薛良一语来相告，满腹骄矜顿雪消……一颦一笑，那身段，那步法，每每引起人们的赞美。近年来，她不但爱京剧，却更爱起中药来。半夏、白芷、三七……她家简直成了一个“小药房”。她的老伴儿几年前离世，是个中医。怪不得。闻到药香，邻里纷纷过来询问：“最近身子骨可好哇？”“不得紧吧？有事随时招呼！”“要不要陪您去医院瞧瞧病？”她连连表示谢意：“不要紧，不要紧，老毛病了！”

五味调和，这是中国人关于味道的哲学。这老祖宗的哲学，在一个小小的社区，在一个小小的傍晚，氤氲着，发酵着，升华着……

**西梅同学：**用“味道”来写人的“性格”，包子老师啊，真有你的！

**包子老师：**注意最后一句“甜？哪来的甜味儿？”，是和后文衔接的句子。因为这句话，前后两段文字就没有那么“剥离”了。

**西梅同学：**包子老师，你是把自己写进文章里了吗？你就是那个“包叔”吧？

**包子老师：**著名导演“希区柯克”总是喜欢把自己不经意地放进电影里面，我可能是受了他的影响吧。不过，目前还是单身狗的我，估计离“家庭煮夫”还有些年头……

**西梅同学：**澹台？这也是姓氏吗？原谅我“没文化”了……

**包子老师：**哈哈，从这篇文章展开去，你还可以自主学习一些中国的姓氏文化哦。纵观全文，虽然语言风格质朴，但还是埋了很多“文化基因”的，比如“凤辣子”“京剧”“中医”等。一篇好的文章，总是要有一点文化气息呢！

**西梅同学：**嘿嘿，我又发现，这个文章题目还可以是“味道”“和谐”“邻居”……

**包子老师：**嗯啊！你说的这些都是常见的作文题呢。

# 38 做一颗种子

午后，窗台，俨然是个让回忆皴起涟漪的地方——

多年前，一个念头在心里萌发：学习朗诵。

意料之中的“东风”来了。那年，我报名参加了网上的一个朗诵课，就好像一阵东风欲唤醒那颗蠢蠢欲动的种子。屏幕那边的老师悉心教导，屏幕这边的我充满畅想：是怎样的一个我，用怎样美妙的朗诵，成为全场最闪亮的星？

意料之外的“冷雨”也来了。初次公开朗诵，是在班会上，以忘词和尴尬收场。尽管没人对我嘲笑，尽管教室里是鼓励的掌声。但于我而言，这掌声更像是一击赤裸裸的揶揄，一场骤然抖落的冷雨，把心中的种子浇得奄奄一息。

然而，谁又能忽视种子的力量呢？不管境遇如何，种子总能找到生长的方式和生命的方向。

并没有消沉多久，我便又开始了练习。“朗诵首先要抓住作品的基调，把声音的情绪色彩展现出来……”重新打开网课，跟着老师的示范，哪字须抑，哪句该扬，何时要顿，何处能挫，一遍遍地模仿、录音、回放、修正……渐渐地，拧着的心情放松下来，内心的褶也似被熨平。“想要朗诵好，还要理解作品……”耳畔是老师的教导，手边是重新打开的诗词。重温《春江花月夜》，在时间与空间的遐想中，在春江与月夜的交响中，一段愁思款款而来；重拾《再别康桥》，那康河的柔波，那夕阳中的新娘，是别离最美的笙箫；重读《少年中国说》，少年之强，少年之智，少年之自由，又让我心潮澎湃。嗯，做一颗种子吧，我这样对自己说，让它一直充满柔荑的想象，一直怀揣花发的希望，一直拥抱蔚然的热诚。

午后，窗台，真是一个让想象恣意生长的地方——

我想象着，在怎样的聚光灯下，我怎样地酣畅了表演，又怎样地赢得了歆羡与赞美……这就是一颗种子的愿望啊！

我坚信，小小的念头，成就了一颗小小的种子，也终会开出一抹小小的春色。

哦不，是一个大大的春天！

**参考语句：**

重拾《将进酒》，对生命的洒脱，对生活的豪情，都倾泻在了那一樽浊酒里，都凝聚在了那一曲醉歌中；重读《琵琶行》，那无声胜有声的沉默，那泪湿青衫的曲调，那江心的秋月一白，似远还近。

**西梅同学：**这种开头怎么写啊，老师，有窍门吗？

**包子老师：**当然有啦！时间、地点、季节、天气等任选两个，再加一句唯美版回忆。难点在于唯美版的回忆，需要平时积累一些好词好句，比如这句中的“皱起涟漪”就很好哦。

**西梅同学：**网课学习朗诵，嘿，这个很符合近些年的学习方式呢。

**包子老师：**嗯嗯！所以，文章素材也是要紧跟时代啦。

**西梅同学：**我发现，老师您的范文经常用“呼应”的句子，为什么呢？

**包子老师：**因为语文老师平时改作文的时间并不是大家想象的那么充足。在相对较短的时间内引起老师的注意，或者说减轻老师的“眼神负担”，呼应句就是一种百试不爽的方法。比如这里的“意料之外的冷雨也来了”，就呼应了上文，并形成了对比。

**西梅同学：**老师，我似乎有个发现。本文的素材是朗诵，所以在具体写作中可以把很多名作名篇结合进去，变成朗诵的内容。

**包子老师：**你把我心里话说出来了。一个好的素材不仅仅是“有新意”，更像是一块“吸铁石”，把“毕生”的积累（略夸张）都用起来。

**西梅同学：**我又看到了前后呼应。这波“想象”的操作，似乎以前有讲过？

**包子老师：**是的，之前的范文中有遇到过哦，赶紧找一找吧。

**西梅同学：**我就喜欢这种明明到结尾了却又来一个转折的效果。

**包子老师：**这篇作文除了可以用“做一颗种子”为题以外，还能用什么作文题呢？

# 39 家乡的榆钱儿

那一串一串的榆钱儿，串起了温暖的儿时记忆。

“阳春三月麦苗鲜，童子携筐摘榆钱。”那是春暖花开的时候，各种树木在春风的抚摸下，竞相吐翠。榆树在这个季节里，结出了一串串的榆钱儿，翠绿欲滴。那一串串的榆钱，成了人们的盘中饕餮。

每年春天是榆钱儿最鲜嫩的时日，我们在姥姥的注视下，提着个小篮子，猴儿般爬上树，把篮子挂在枝头，先迫不及待地捋一把塞进嘴里，满齿唇香。我们沐着朝阳迎着微风，爬到树杈最高处，找个榆钱儿最多最厚最嫩的地方，把篮子挂在粗一些的枝干上，然后或坐或骑或蹲，在榆树之中穿梭。待到篮子里满得再也装不下去了，我们才会恋恋不舍地从树上一步步挪下来。姥姥坐在温暖的屋檐下，安详地、精心地挑拣我们的收获。

而后，姥爷会拿出一个大盆，用清水将榆钱儿洗上几遍，捞出来放到盖帘上，让残余的水慢慢地流干。这当口，姥姥已经把灶膛里的柴草点燃，大铁锅里已经烧上了水。然后，姥姥取出玉米面，放上适量的水搅拌，不稀不干，恰到好处。待大铁锅里的水冒出热气的时候，姥姥就把一个大大的用来蒸豆包用的漏帘放到锅里，再在上面铺上一块大大的纱布。尔后，把玉米面均匀地撒在上面。最后，再把已经沥干的榆钱儿均匀地撒到玉米面上，再往上面撒一些盐巴。这些都做完，姥姥就用她那“潇洒”的动作，把锅盖得严严实实。

灶膛里的火越烧越旺。一股股热气顺着锅沿的缝隙钻出来，夹杂着诱人的香味，惹得我们使劲地吸着鼻子，口水早就顺着不争气的嘴角流下来了。不久，一锅香甜可口的榆钱儿“哺了”便出笼了。姥姥打开锅盖的瞬间，一屋子的香气便弥漫开来。这时候，我们这些孩子每个人的手里，早就准备好了一个大碗，还没等姥姥盛满，便抢过来狼吞虎咽地吃起来。

整个房间，甚至整个院子里，都飘着榆钱儿“哺了”浓浓的香甜！那是人间最真实、最原始、最幸福的味道！

今年，我回到老家，还专程去村头看望了那棵大榆树，它还是一样的枝繁叶茂，一样的遒劲挺拔。抚摸着它那久经沧桑、龟裂不堪的树皮，我俯身捡了一把散落的榆钱，小心翼翼地托在手心，贪婪地吮吸那股清新的香气，那小小的榆钱儿，已经植根于我的记忆深处，牢牢地扎下了与故乡生脉相连的根……

**西梅同学：**这篇文章的语言风格似乎和以前的不一样啊，包子老师啊，你确定这也是你写的文章吗?

**包子老师：**对啊，偶尔也需要让自己“精神分裂”，写不一样风格的文章。

**西梅同学：**真的难为你了……（当老师太不容易了）

**西梅同学：**虽然我没有真的摘过榆钱儿，但是看样子似乎挺有趣的呢。

**包子老师：**其实，把“食物”作为素材来写作是一种很不错的选择呢。在“舌尖”上，我们总保留着一些美好的记忆呢!

**西梅同学：**这一部分看得我都“馋了”。写得很有画面感啊!

**包子老师：**你发现了没有，这篇作文的特点是“动词”的运用。你可以试试把全文的动词都圈出来。你说的“画面感”，主要就是通过这些动作的描绘来完成的哦。

**西梅同学：**我以为结尾会写“姥姥去世”的场景……看来是我想多了。

**包子老师：**其实你没有想多啦，很多同学都喜欢在写作文的时候“牺牲”家人。（每次改卷老师都会发现好多亲人在试卷中“不幸牺牲”）我其实并不建议学生这么去做。因为，要把一篇文章写得感人，是有很多方式可以选择的呢。最后，还是问问你，这个文章你还能拟出别的题目吗?

# 40 静静的幸福

月亮还未出来。

一片晚霞，一把躺椅，一张小凳。她和他就这样对坐着，各自忙活着各自的活儿，五十年来，似乎该说的话都已说完。

晚霞给她脸上的皱纹染了色，一道一道，好似皴开的水彩。晚霞也把他的银发染了色，一层一层，类似旧纸上的白苇。

“织得没有以前好了，也没以前快了。”她停下手，拍了拍腿上的绒线，慢慢站起身，将还带着织针的毛衣贴到他背上，习惯性地比画一下大小，“你说你，孩子给你买的毛衣不穿，非得让我织，我这老手老脚的，哪还织得动？”走回躺椅，她继续织毛衣，还是一针一针、一丝不苟的样子。

天边褪去了酡红，夜像半透明的墨纸，一点一点铺展开来，与那晚霞混沌在一起，像一幅淡彩山水。

他研究着棋谱，埋着头，似乎未听见她的话，“你说这棋子，到底儿是谁的发明，真真是玄妙无穷……你说嘞，翠儿？”那日晚霞太艳了，她脸上竟泛起了一朵红云。翠儿是她的小名。于是，她很不屑地瞥了一眼他身前的那个旧棋盘，“还说呢，这板子都多少年了，磨得不清不楚的，也不换换。”这时，她似乎感觉到手中的毛衣打错了一针，赶紧回一针，然后又向前织去。

夕阳落下去了，炊烟升起来了。她看不清毛衣针，但依旧织着，一针一针。等到太阳真的落下山去的时候，她终于收起手中的活儿，一步一步回屋。他也站起身来，像个孩子，亦步亦趋地尾随着，直到消失在夜晚的雾霭中。

月亮出来了。

后记：有时候我们不禁会问，生命的本真是什么？哲学家说是灵与肉的对抗，诗人说是日月星辰的变幻，而生活的真实不应该就是这样的吗？像这两位老者一样，平静而安详，波澜不惊却暗涌深流。

**西梅同学：**“一片晚霞，一把躺椅，一张小凳”，这样的环境描写有点白描的味道呢！

**包子老师：**嗯啊，有时候把最简单的“物”组合起来就是一幅画，不需要过多的渲染。

**西梅同学：**我对之前文章外婆“绣花”的场景还记忆犹新，现在“织毛衣”的场景也是写得很美呢！

**包子老师：**你发现了吗？人物描写和环境描写常常一起出现，在环境的烘托下，人物会更加有色彩。对了，其实傍晚是一个非常好用的场景，平时一定要注意、多搜集关于傍晚的好词好句哦。

**西梅同学：**嗯啊，我发现了，在本书中就有很多关于傍晚的描写呢！

**西梅同学：**“毛衣打错了一针，赶紧回一针”，这个细节很有意思，似乎老奶奶的心里有一点波动呢！

**包子老师：**前文“泛起了一朵红云”其实已经埋下了伏笔呢。

**西梅同学：**老师，我不太懂这个文章想要表达什么……感觉故事情节很简单。

**包子老师：**其实，全文想表达的就是文章的标题“静静的幸福”，两个老人的行动、对话虽然简单，却让我们处处感受到了爱意与温暖。也许，这就是生活，平凡中的幸福，点滴里的温暖。

**西梅同学：**老师，“后记”是什么啊，怎么写啊？

**包子老师：**当你发现文章的“故事”形成了一个完整而独立的“闭环”，如果此时再增加一段话就显得有点“多余”，但是故事背后的主题又想进一步“点明”“强调”或者“升华”的时候，可以采用“后记”的方式。这样，既保持了故事的相对独立，又让读者能准确地知道文章的主旨。

自由笔记区

# 这波升级操作有点意思

- 追逐梦想
- 追逐梦想（升级版1）
- 追逐梦想（升级版2）
- 追逐梦想（升级版3）
- 追逐梦想（升级版4）

# 41 追逐梦想

有时候，重要的不是梦想的大小，而是在追逐梦想的路上收获的财富。

转身、移动、跳投……每个动作都像跳跃的音符，连成了一曲奋进之歌，催促着我朝着梦想前行。汗水从手背沁出，在烈日下仿若一颗颗晶莹的珍珠，而在那些珍珠里有我小小的梦想：成为学校篮球队的一员。

“就你那‘豆芽菜’的身体，也想进篮球队？别痴人说梦啦！”那个仲夏夜，嘲笑声依然萦绕在耳畔，而我却暗暗告诉自己：梦想就在前方，努力追逐定能实现！

那晚，借着皎洁的月光，我开始了第一次追逐梦想的努力。带着兴奋与激动，我捧着篮球，来到小区球场。从这头跑到那头，一遍、两遍、三遍……任汗水浸湿衣裳，只知梦想就在前方。

“最无益，只怕一日曝，十日寒。”我这样告诉自己，想要成为校篮球队的一员绝非易事，追逐梦想的过程需要一步一个脚印。

每天清晨，我在跑道上追逐着第一缕阳光；每日傍晚，我在操场上亲吻最后一抹夕阳。我知道，优秀篮球运动员需要结实的身体。跑步、俯卧撑、蛙跳……日复一日的锻炼，让我的体力渐渐增强。我感到梦想又离我近了一步。

但是，良好的体力也仅仅是个基础，技术的提升更是关键。每当校篮球队训练时，我就会悄悄地躲在一旁“偷学”。一有机会我还会上场跟他们“切磋”一把。虽然常常成为他们的“手下败将”，但我并不气馁，因为我知道，梦想的实现不可能轻而易举，需要用心去追逐。他们训练结束后，我总是激动地拿起篮球重复刚刚“偷学”到的技术。从陌生到熟悉、从熟悉到巧用。渐渐地，每一个动作都深深地烙在了心里，原本调皮的篮球也变成了一匹被驯服的战马，跟随我在球场上驰骋。

夕阳的余晖渐渐消失在地平线，我满怀信心地等待着新一轮选拔赛的来临。这一刻，我明白了，那是追逐梦想的力量。

**西梅同学：**老师，我最喜欢打篮球了！终于看到适合“男生”的范文了呢！

**包子老师：**哈哈，体育运动类的素材确实也是很常见的，男生们很喜欢写。

**西梅同学：**我学习篮球的困难倒不是因为身体瘦弱，而是我总学不会三步上篮，被老师批评了不少次呢……

**包子老师：**所以“困难”的出现因人而异，有可能是被同学“嘲笑”，也有可能是被老师“批评”，还有可能是比赛失败，等等。但是，作为“励志类”或者“追逐梦想类”的作文，一般都需要把“困难”写进来，不过字数不需要过多。

**西梅同学：**我有一个神奇的发现。“每天清晨，我在跑道上追逐着第一缕阳光；每日傍晚，我在操场上亲吻最后一抹夕阳”这句话中，我把“跑道上”和“操场上”替换掉，似乎可以用在很多其他素材里呢！假如我想写舞蹈，我可以写“每天清晨，我在练功房里追逐着第一缕阳光；每日傍晚，我在把杆前亲吻最后一抹夕阳”。

**包子老师：**这波操作 666。

**西梅同学：**“偷学”这个情节太巧妙啦！因为是“偷学”，更加突出了我的努力和不懈呢。我好像想起来一篇林海音的文章叫《窃读记》，有点异曲同工之妙。

**包子老师：**你的分析 666 啊！

**西梅同学：**（今天西梅同学似乎是开挂了）文章结尾引发读者的想象，不写选拔的“结果”，但其实已经有了“结果”。

**包子老师：**让我怎么夸你好呢！

# 42 追逐梦想（升级版1）

一直期待着，有一天我也可以身穿洁白的天鹅服，在舞台中央，拥抱我的梦想。

可是——

“最基本的站姿都不对！”“怎么搞的？”“多练习吧……”舞蹈老师的鞭策、质疑、叹息在耳畔回响，似乎在一遍遍地提醒着我，我不是学芭蕾的料。要不要继续学？如果继续，最终也不一定能登上舞台，但如果不学……

这便是五年前的那个午后，阳光也显得有些落寞，当我刚伸手想要触碰梦想的时候，它显得那样冷淡而疏远。

也正是在那个午后，偶然间我看到了那句诗：“只有经历地狱般的磨炼，才能炼出创造天堂的力量；只有流过血的手指，才能弹出世间的绝唱。”年幼的我不能彻底领悟，只是觉得，那句诗给了我某种力量，后来我才明白，那种力量叫作希望。带着几分懵懂甚至是莽撞，我第一次踏上了拥抱梦想的征途。

咪——啦西哆来、咪哆咪哆……又是一个晴朗的午后，音乐声再次响起，老师欣慰地告诉我可以立足尖了。我兴奋不已，急忙换上了那粉红的足尖鞋，紧紧地握住把杆，慢慢地拱出脚背，猛地立起足尖，“啊，疼！”我叫了出来，瘫坐在了练功房里。阳光轻轻地洒进练功房，也洒在了我的脸上。“不，这小小的挫折不能阻止我拥抱梦想！”我暗暗告诉自己，然后揉了揉脚趾，站起身，再次踮起……

每日清晨，我在练功房里迎接第一缕朝阳，到了傍晚，我在把杆前亲吻最后一抹夕阳。小小的练功房里，我无数次汗流浃背，无数次摔倒又站起，脆嫩的足尖磨泡，出血，愈合，直至生出厚厚的茧……

而五年后的这一刻，我终于将梦想拥入怀中。

聚光灯亮起，一切隐没在黑暗中。那一刻，我不再是我，而是属于那天鹅湖畔的一只小生灵。乐声中，那洁白的羽翼轻缓而翩然，拥抱着它的希望，也拥抱着我的梦想。

现在我明白了：梦想的距离便是手与心的距离，只要用心去改变，用双手去拼搏，梦想便可以紧紧拥入怀中。

**西梅同学：**独词成段，妙哉！

**包子老师：**方法虽好，不要滥用哦，哈哈。一定是在需要突出去强调的地方设置“独词成段”。

**西梅同学：**三个不同的标点符号“！”“？”“……”，分别对应后文的鞭策、质疑、叹息，妙哉！

**包子老师：**这是一种非常好用的写作方法：由标点符号作为突破口，引出别人对我的不同态度。

**西梅同学：**“只有经历地狱般的磨炼，才能炼出创造天堂的力量；只有流过血的手指，才能弹出世间的绝唱”这是泰戈尔的诗句，来自《飞鸟集》。

**包子老师：**西梅，最近你进步很快啊！让我刮目相看！

**西梅同学：**（偷笑，其实是最近每次预习都很认真，顺便还去医院和冬梅做了“友好交流”）

**西梅同学：**细节描写到位了！

**包子老师：**细节描写到位了！（惊讶的包子老师已经成了复读机）

**西梅同学：**老师啊，我在上一篇文章中刚举的例子，就被你写进这篇范文里了，好开心！

**包子老师：**奖励你的努力！

**西梅同学：**整体看下来，这篇范文确实比上一篇更加“生动”一些，我想是素材的改变＋语言的升级做到的吧？

**包子老师：**分析得很对！

## 43 追逐梦想（升级版2）

梦想有一对美丽的翅膀，在放飞的天空中凝成一首又一首奏鸣曲。

### 欢乐奏鸣曲：梦想之美

咪——啦西哆来、咪哆咪哆……伴随着美妙的《天鹅湖》乐曲，年幼心灵第一次被梦想填满：我成为舞台上那最美的“白天鹅”！

“你，收腹。你，挺胸。腰背立……”老师的“呵斥”声在练功房里回荡。为了有一天可以穿上雪白的天鹅裙在舞台上飞扬，我一遍一遍地重复跳跃和把杆练习。基本动作的练习难免枯燥和单调，但我紧咬牙关，默默地告诉自己：梦想的双翼只有经历风雨才更强壮。

### 执着奏鸣曲：放飞之路

咪——啦西哆来、咪哆咪哆……那个晴朗的上午，音乐声再次响起，老师欣慰地告诉我可以立足尖了。我兴奋不已，急忙换上了那粉红的足尖鞋，紧紧地握住把杆，慢慢地拱出脚背，猛地立起足尖，“啊，疼！”我叫了出来，瘫坐在了练功房里，畏惧的阴云突然占据了放飞的晴空，梦想似乎也欲收起它本应展开的翅膀。

阳光轻轻地洒进练功房，也洒在了我的脸上。“不，这小小的挫折不能阻止我放飞梦想的翅膀！”我暗暗告诉自己，然后揉了揉脚趾，站起身，再次踮起……

每日清晨，我在练功房里迎接第一缕朝阳，到了傍晚，我在把杆前亲吻最后一抹夕阳。小小的练功房里，我无数次汗流浃背，无数次摔倒又站起，脆嫩的足尖磨泡，出血，愈合，直至生出厚厚的茧……

### 感动奏鸣曲：成功之翼

咪——啦西哆来、咪哆咪哆……那一天，老师告诉我：“你来领舞！”我抹了抹眼角，对着镜子幸福地微笑。

聚光灯亮起，一切隐没在黑暗中。那一刻，我不再是我，而是属于那天鹅湖畔的一只小生灵。乐声中，那洁白的羽翼轻缓而翩然，放飞着它的希望，也放飞着我的梦想。

尾声——放飞梦想，就是要让梦想长出坚强翅膀，飞出彷徨，冲出怅惘，在青春的天空中，搏击风雨，在生命的海洋中迎接风浪！

**西梅同学：**包子老师啊，我一直很想知道“小标题”到底怎么起。

**包子老师：**嗯嗯，起“小标题”要注意两点：一要对下文有提示或概括作用，你可以认为小标题就是对文章“某一部分”重新拟题。二要注意和主标题以及其他小标题的呼应关系。当然，既然是起小标题，就不要太普通，加点新意才会好。

**西梅同学：**除了小标题有呼应以外，我发现“咪——啦西哆来、咪哆咪哆”这句话，也有呼应的作用呢！（一副得意的样子）

**包子老师：**又被你发现了！

**西梅同学：**老师，我发现这篇文章和上一篇在内容和语言表达上区别不大，但是文章感觉更清晰了，也更有创意了，这就是“升级点”吧？

**包子老师：**是的，这两篇作文确实有一大部分文字是一样的，但是，就是“结构”的改变让此文增色了！我不禁想到王安石的“春风又绿江南岸”，一个“绿”字就让诗句完全升级了，这也许就是“点石成金”的效果吧！这也启示我们，以前写过的文章不要丢了，也许升级升级，又是一篇好文哦！

# 44 追逐梦想（升级版3）

## （一）梦之始

“秦筝吐绝调，玉柱扬清曲”，那朵美丽的音乐浪花，不是简单的宫商之调、角徵之音，而是用心倾诉的感情。

第一次看到筝的时候，我便梦想着有一天端坐筝前，指尖轻弹，让那芙蓉泣露之音袅袅而出，漾出一朵绝伦的音乐之花。

可是——

## （二）梦之惘

“只知道炫技巧，感情在哪里？”古筝老师的批评声再一次在耳边响起。窗外，细雨蒙蒙，灰黑一片。学习筝三年有余，曾苦练技巧，曾苦学乐理，但到了《秦桑曲》，不管如何苦练，总是无法充分表达出那份思念之情，我既焦躁又茫然。

“汝果欲学诗，功夫在诗外。”脑海里突然浮现出了这句话，古人学诗如此，那学音乐呢？我暗自思忖：一味地练习似乎已经没太大效果，是不是可以从别的途径来提高自己的感悟力呢？于是，接下来的日子，我在余光中的《乡愁》中细细品味赤子的情怀；在龙应台的《关山难越》中慢慢咀嚼游子的情愫。当看到“浮云游子意，落日故人情”时，我不再匆匆掠过，而是试图体会青莲居士的那份不舍；当读到“临行密密缝，意恐迟迟归”时，我不再有口无心，而是试图感悟孟郊的那份深情。渐渐地，我明白了原来每一首看似简单的筝曲都饱含着曲作者的深情。

## （三）梦之美

“燕草如碧丝，秦桑低绿枝”，再次演奏《秦桑曲》，脑海里不再是复杂的节奏，不再是高难的技巧，而是一幅幅流动的画面。筝音时而低沉厚实，时而婉转清澈。大撮、小撮、琶音、摇指，每一个技巧背后都倾注一份感情。抬手，收音，我领略到了从未有过的快乐。

那一刻，我知道我采撷到了音乐中那朵最美的浪花！

**西梅同学：**读完有点凌乱了……

**包子老师：**别急，我们来一一分析。首先，“秦筝吐绝调，玉柱扬清曲”是形容古筝的诗词，刚好对应了全文写古筝演奏的故事。其次，“宫商之调、角徵之音”源于中国传统音乐里的五声音阶“宫商角徵羽”。“芙蓉泣露”是源自“芙蓉泣露香兰笑，昆山玉碎凤凰叫”这句诗。

**西梅同学：**看来，要写好这样的作文，必须多了解中国传统文化，特别是诗词啊！（西梅表示自己还是蛮喜欢诗词的）

**西梅同学：**这篇文章有点超出我的意料。我以为这部分会写如何苦苦练习古筝呢，我以为又是“细密的汗珠从微微颤抖的手臂上传来”之类的句子。

**包子老师：**这个文章的巧妙之处就在于，把原来写古筝学习的过程融合了读书和体会的过程。生活中也是如此，技巧的学习其实是不难的，难就难在本质素养的提升。课后你可以把龙应台《关山难越》这篇散文拿出来读一读哦。

**西梅同学：**老师，我有一个问题！这篇文章和上一篇感觉“一点也不像”，怎么会是“升级文”呢？（一脸疑惑）

**包子老师：**这个问题问得好！升级有很多种方式，可以只升级素材、结构或者语言，也可以是“全盘升级”，但不管怎么升级，都遵循着一个“内在”的写作逻辑。比如“励志类”“追逐梦想类”的内在逻辑就是：遇见困难——克服困难——获得成长。具体到每个人怎么用文字去演绎，就仁者见仁智者见智了。

# 45 追逐梦想（升级版4）

天下难事必作于易，天下大事必于细。是以圣人终不为大，故能成其大。

——题记

## （一）昨夜西风

月光甩下洁白的水袖，飘过窗台，也飘进了我苦涩而又焦急的心。

“注意行笔的细节！”“怎么没有任何美感？”“多多体会每个字的细节吧……”书法老师的“教诲”声、“训斥”声、“叹息”声还萦绕在耳际。什么时候我的字才能如颜真卿般化瘦削为丰腴雄浑，骨力遒劲而气概凛然呢？

我焦急而又惆怅，正如晏殊《蝶恋花》里那一句：昨夜西风凋碧树，独上高楼，望尽天涯路。

## （二）为伊憔悴

窗外的月光那样细腻，默默地把大地装扮得如此精美，就连月光都那样“一丝不苟”，而我呢？对，要练好书法，就应该像老师说的那样，注意每一个细节！

我再次翻开《多宝塔碑》，一遍遍地品味每个字的平稳谨严，咀嚼每个字的刚劲秀丽。然后闭上眼，脑海中一遍遍地回忆那笔笔藏锋、笔笔回锋的细节。终于拿起笔，提——按——转——折，一遍、两遍、十遍……时钟无力地指向了十二点，执笔的手心沁出汗水，而笔下的字也越来越美。

每日清晨，我在书房中追逐第一缕阳光，每天傍晚，我在墨香里亲吻最后一抹夕阳。曾经多少次，因为疏忽，临摹的成果功亏一篑；曾经多少次，因为大意，本该匀稳的字失去了美。但心底有个声音在回响：衣带渐宽终不悔，为伊消得人憔悴。

## （三）蓦然回首

追忆曾经的付出，我突然发现，我爱上书法不是因为它笔走龙游的豪迈，不是因为它洒脱舒逸的豁达，而是在追逐梦想的过程中我明白了，那些点点滴滴的付出，那些执着追求的细节，不但创造了文字的美，更见证着我的坚持，见证着我的不懈，而这，又何尝不是另一番美呢？

众里寻他千百度，蓦然回首，那梦就在平凡细微处……

**西梅同学：**老师，我一直很好奇题记怎么写。

**包子老师：**题记往往是概括文章内容或者中心思想的一句话，主要目的是吸引读者的注意或者引起读者的思考。这句话如果是名人名言的话就更棒啦！

**西梅同学：**猜我又看到了什么？标点符号的巧妙用法！

**包子老师：**不但要“温故”，也要“知新”哦，这里的“昨夜西风凋碧树”就源自王国维的“人生三境界”说。西梅，你去查一查资料，一会儿给大家分享吧。

**西梅同学：**老师，我查到了。王国维用三句词来概括人生的三重境界。

第一重：昨夜西风凋碧树，独上高楼，望尽天涯路。（迷茫）

第二重：衣带渐宽终不悔，为伊消得人憔悴。（努力）

第三重：众里寻他千百度，蓦然回首，那人却在灯火阑珊处。（成功）

**包子老师：**很棒哦！你发现了吗，这三重境界和“追逐梦想”类的作文具有内在的统一性呢！所以，化用这三重境界作为小标题，就成为本文的一个升级点了呢。

**西梅同学：**如果我不用四个字的小标题，比如我用“望尽天涯路”“消得人憔悴”“灯火阑珊处”，可以吗？

**包子老师：**当然可以！（听到西梅能举一反三，包子老师激动不已）

自由笔记区

## 一类素材，变出这好些文章

## 46 传承一份戏韵

“吐字有力，但欠缺换气之间的自然。黄梅戏不难，但黄梅戏也很难！”

戏曲老师的话音未落，失望与落寞便涌上了心头——一分耕耘一分收获，可练习已久的曲目，没有功劳，也有苦劳，至今却还是不够完美。我什么时候才能唱出《天仙配》中严凤英老师的一丝神韵呢？

熟悉的乐谱前——

“诘屈聱牙”的音阶在昏暗的灯光下让人心生倦意。“为什么我要每天练习呢？”无奈地合上乐谱，当时多么想把乐谱狠狠地摔在地上，那就是放下个很重的包袱……“爱戏，就要受得了苦，这不仅仅是个爱好，更是一份传承！”老师的话回响在耳边。是啊，年轻人都觉得戏曲老土，有多少人还愿意为戏曲的传承出一份力呢？我收了收烦躁的心，看见谱架上那发黄的戏谱，再次打开……

晴朗的午后——

来咪来哆，哆啦索……戏韵再次响起，老师在我身旁，细心地指导我的每一句唱词，纠正我的每一个发音。“转音还是缺乏几分自然，能够再放松一些就很不错了。”我沉下心，把每一句唱词的节奏都记在心里，把每一个起伏的音律都反复练习。 阳光洒进小窗，也洒在了乐谱上，在那里我似乎找到了那个曾经丢失的自己，在那里我似乎重新感受到了来自内心深处的澎湃力量。

每日清晨，我用婉转的戏曲迎接新的一天，每日傍晚，我用优美的音韵送走夕阳。反复听着经典的唱段，反复研究着戏中人物的一颦一笑。“我本住在蓬莱村，千里迢迢来投亲”，一段《路遇》有喜有悲；“为救李郎离家远，谁料皇榜中状元”，一段《女驸马》有情有义。渐渐地，黄梅戏成了我青春最亮的风景。

写给追梦人——

突然发现，爱上戏不是因为它的声音婉转，也不是因为它的扮相唯美，而是在学习戏的过程中那些难忘的点点滴滴，那对戏的执着，那一份对文化的传承才是我终身受益的瑰宝。

**西梅同学：** 熟悉的配方，不一样的味道！

**包子老师：** 你懂的！

**西梅同学：** 我发现现在喜欢戏曲的人越来越多了。

**包子老师：** 是啊，中国戏曲里面有太多太多的养料啦，西梅同学，虽然你是男生，但我觉得也可以尝试让自己爱上戏曲！（西梅使劲地点了点头）

**西梅同学：** 我又发现了一个“独句成段”的妙处。可以巧妙地把文章划分成几个版块，让读者阅读的时候特别轻松。

**包子老师：** 不过西梅同学，你发现了吗，这篇作文和上一节的几篇作文都有共同之处哦！（西梅早就发现了，但仍礼貌性地点了点头）

**西梅同学：** 老师，我又看到了一句熟悉的句子。（西梅想，老师为啥总用一个句式写作呢）

**包子老师：** 发现“重复”的力量了吧！学习中，我们要不怕“反复”，关键是在“反复”中发掘新意，在“反复”中寻求新的进步。

**西梅同学：** 表达对文化的传承，这是一种很好的写作技巧呢！

**包子老师：** 不要简单地定义为一种“技巧”，传承文化本就应该是我们心之所向。

**西梅同学：** 老师，我懂了，不要为了“写”而“写”，文字应该是心里的声音。

**包子老师：** 嗯嗯，“我所想”不一定都要“我所写”，但“我所写”必是“我所想”。

**西梅同学：** 我被你绕晕了……（包子老师狡黠地一笑）

# 47 戏

“怎么了？”戏曲老师的声音在我身旁响起。我猛然抬头，环顾四周，这才发现不知什么时候，教室里只剩下了我和她两个人。思绪飘回那一刻……

“音色黯淡，吐字含糊，表演欠佳……”那评语好像窗外卷着残叶的风，狠狠地刮在身上。那一刻，我愣住了，双眼怔怔地盯着面前的戏服，“怎么会呢？我的演唱水平和表演水平在戏曲班是出类拔萃的，可这次……”失败的打击像一座座高山，一座座不可攀越的高山，压得我喘不过气来。“是自己太马虎还是太自大了？”不知道是为这次的比赛失利而计较，还是为自己的自大而后悔，我像鸵鸟一样深深地低下了头。

“一次的失利不算什么，只要努力，下次就一定没问题。”回过神来，温暖的声音像一丝初春的阳光照在我心上，化解了深秋的寒冷。老师站在我的身旁，开始仔细地为我讲解我演唱中的问题，而那一句话却不停地回荡在脑海中，“只要努力，下次一定没问题。”啊，只要努力，一定行的。我要做最出色的自己。

“春秋亭外风雨骤，何处悲声破寂寥。”一遍遍地唱着，演绎着《锁麟囊》中的薛湘灵。窗外旋转而起的枯黄的树叶变成了四散飘飞的雪。从深秋到初冬，平时到戏曲兴趣班最迟的我，变成了最早到的那一个。丢掉曾经自大的样子，我把身后翘得高高的尾巴悄悄收起，低下头，仔细地练习着长音。从来只喜欢坐在一边自我陶醉的我，多次走到老师面前虚心请教，多次和同学讨论起了乐曲的问题，多次……

细密的汗珠从我的额头上一滴滴地渗出，酸痛的感觉从微微颤抖的指尖上传来。每一个音符都吐得无比谨慎，每一个戏曲动作都经过深思熟虑。渐渐地，华美的音符在屋中筑成了辉煌的宫阙，演绎出的五律也在谱上飘洒成片片雪花。彼时的我感觉正有一种东西在我心底悄悄成长着，似乎就要开出一片浓艳的红。我知道，那种东西叫“努力”，叫“坚持”。

再次比赛，唱罢。那一段段三连音，那一个个转音……乐段中委婉的音节起伏仿佛也一下子涌上了我的心头。我就像初次攀登上山峰的孩子，看着日出瑰丽的光彩，心中止不住地阵阵欢喜。那一刻我知道，我努力了，我成功了。

**西梅同学：**老师啊，你就对戏曲这么情有独钟吗？

**包子老师：**是啊，虽然咱唱不好，但热爱它就要写它呀！

**西梅同学：**所以，热爱真的是源泉啊。那我可以按照这个文章的思路和结构，甚至学习一些这个文章中的好词好句，写自己喜欢的素材吗？

**包子老师：**当然可以！

**西梅同学：**可是，我最不擅长的就是把范文“化为己用”了。

**包子老师：**别急，我来教你。其实，模仿写作的第一步就是学会“替换词语”。比如这段话中，只要替换“一个词”，就变成另一个素材了哦！

**西梅同学：**？？？

**包子老师：**你试试把“演唱”改成“下棋”，此文就变成了一篇以下棋为素材的作文了呢！

**西梅同学：**神奇如你！

**西梅同学：**把“唱词”替换掉，把《锁麟囊》替换掉！

**包子老师：**聪明如你！

# 48 圆梦之路

忆，美好而纯粹，漾进时光的泉，荡出旖旎的梦。

## 惊梦

“梦短梦长俱是梦，年来年去是何年。”笛声悠扬，缠绕着清淡的水磨腔，头上的珠翠光彩流动。灯光下，白色的丝绸翻卷，隐现衣上绣的花。这样的场景，在我的梦里已不知出现过多少次。

可是——

## 寻梦

“学戏？能吃得了苦吗？”“学戏？都什么年代啦！”“学戏？听说很难……”那年九岁，质疑声、嘲笑声、叹息声，声声入耳，差点击碎那颗爱戏的少年心。幸好，我心底的声音一直坚定：有梦便追，何惧！那日，天际的白光慢慢褪成浅绛，然后泛出酡红。

后来的辛苦一如所料，后来的幸福却如所不料。

“原来姹紫嫣红开遍，似这般都付与断井颓垣。”听着耳边的戏韵，轻轻闭上双眼，脑海中回忆着杜丽娘在牡丹亭中的一颦一笑。到底是怎样的春景，搅动了闺阁中的那颗春心，到底是怎样的一根绿柳，牵引出一段旖旎的佳话。低头，品味着【懒画眉】的婉转优柔，体会着【玉交枝】的绮错婉媚，身上的戏服被汗水浸湿，手中的泥金折扇跳动着金影。抬手，一袭水袖再次翻出杜丽娘的内心波澜……多少刻，在细腻的妆容下，我不再是我，我是杜丽娘，那个六百年前的西蜀杜丽娘。我惊着她的梦，寻着她的缘。

与昆曲相伴的日子漫长而辛苦，执着又幸福。那些日子，汗水与晨光相伴，却浸染出梦的味道；那些日子，疲惫与暮色相随，却勾勒出梦的轮廓；那些日子，初心与拼搏相依，渲染出青春的底色。

终于——

## 圆梦

“梦短梦长俱是梦，年来年去是何年。”笛声悠扬，缠绕着清淡的水磨腔，头上的珠光彩流动。灯光下，白色的丝绸翻卷，隐现衣上绣的花。

不再是梦，真的不再是梦，这是如今舞台上的自己！

**西梅同学：**（轻车熟路的样子）这句话其实就是"记得那一次"，但这么一写吧，就觉得好唯美啊！

**包子老师：**哈哈，被你发现了秘密！

**西梅同学：**戏词 + 戏服，我有画面感了！

**包子老师：**哈哈，不要只是感叹呀，你也要努力增强文化素养呀！

**西梅同学：**这里的"一如所料"和"如所不料"，太有意思了！哪里来的灵感啊！

**包子老师：**灵感源于鲁迅先生的一句话：我因为常见些但愿不如所料，以为未毕竟如所料的事，却每每恰如所料的起来。

**西梅同学：**还是鲁迅厉害……

**西梅同学：**老师啊，【懒画眉】、【玉交枝】，这是什么呀？

**包子老师：**这是曲牌的名字，就跟平时你学过的词牌名是一个道理，是对某一段唱词的音乐做了规定。

**西梅同学：**我发现"汗水与晨光……青春的底色"这个句子，就是之前文章中句子的改编！

**包子老师：**很棒，文学就是要多"模仿"，然后去"突破"。

**西梅同学：**这种用"戏词"进行前后呼应的方法，我早就学会啦！（得意地笑）

**包子老师：**你也不看是谁教你的！（更得意地笑）

## 49 越剧

"路遇大姐得音讯，九里桑园访兰英。"越剧声起，我的心也便跟着飘出去了。

最初接触越剧，还是童年。那时候，过年回老家，我惊异于如此美妙的声音竟然从一个破旧的小戏台上娓娓而来。

竟然报了越剧兴趣班！这是后来的事情了，是我苦苦央求妈妈，甚至以"绝食"为威胁才得来的机会。自然地，我十分珍惜。可第一次上课就让我心灰意冷，老师没有教我如何唱越剧，只是不停地教我如何呼吸和吐气。

"我不想学了……"我嗫嚅着。妈妈没有说话，等到下次课，她照常把我送到越剧老师的手中。"这个孩子犟，老师您多担待！"妈妈看了我一眼。那一眼，我没有办法忘记。以后的日子，她只管把我送去、接回，不再过问我学习越剧的情况。

后来，我渐渐明白，我当时的退缩是多么幼稚。原来声靠气动，没有气息的支持，声音就失去了依托。回到家中，我常常一个人对着墙壁，双手掐腰，练习"吐纳之功"。我想，每练习一次，我就离我的戏梦又近了一步。为了多练戏，我更认真地听讲文化课，更高效地完成学校作业，因为我知道，我只能如此。

也有过不解和嘲笑。同学们对于戏曲不感兴趣，每当我课间练习的时候总会传来小小的嘲笑声。更何况，我还是个男生。我知道，他们的眼光里有不解、有嘲讽，可不也带着一丝好奇和羡慕吗？越剧的美，终有一天，我会展示给他们。

可以学唱腔啦！这是开始学习越剧的半年以后。那天，我激动得整夜无眠。尹派？尹派！好，就从尹派开始！最难的莫过于尹派的小腔，这对于变声期的我来说莫过于晴天霹雳。只要一到转音处，我就失声。懊恼，失落，迷茫，一齐袭向心头。"先别过分关注小腔，先打好其他基础，你的声音条件很好。"老师的话给了我些许安慰。嗯，尽力而为，我告诉自己……

这一次，我不再想放弃，不再想退缩，我坚信，我的汗水一定能铸就属于我的那一刻。晨光里，是我努力的样子；夕阳中，是我拼搏的背影。时光荏苒，我在越剧的路上走走停停，却从未想过放弃。

终于——

"路遇大姐得音讯，九里桑园访兰英。"越剧声起，聚光灯下，是我。场下一片漆黑，不过我能感觉到，那里有一双双好奇而羡慕的眼睛。

**西梅同学：**不对啊，老师！这个文章不是在18号范文里讲过了吗？

**包子老师：**你再仔细看，真的一样吗？

**西梅同学：**故事是一样的，语言表达也差不多，但整个文章写作的顺序给换了！

**包子老师：**你说得对，你说的写作顺序其实就是文章的“结构”换了。

**西梅同学：**老师，让我猜一猜你的想法。你是想让我们知道文章“结构”的重要性吗？

**包子老师：**不止如此，我其实是想告诉大家，一篇精彩的文章是可以“反复”写的，在这个“反复”的过程中，你可以试图改变文章的“结构”，没准会有一些新的发现与灵感哦！

**西梅同学：**以前我写作文从来都“不走回头路”，写过的文章我就不想写了呢。

**包子老师：**很多同学都跟你一样，改变改变思路吧！

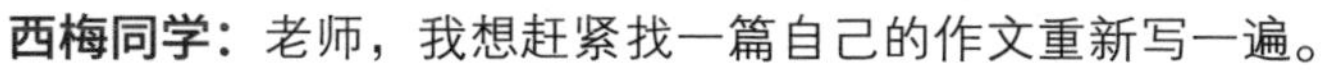

**西梅同学：**老师，我想赶紧找一篇自己的作文重新写一遍。

**包子老师：**嘿嘿，你直接拿我讲过的范文不就好了吗？（西梅恍然大悟）

# 50 戏梦

有梦便追，何惧？

## 戏·滥觞

“春秋亭外风雨暴，何处悲声破寂寥。”一袭红帔，一双彩鞋，那“点翠头面”熠熠生光，几支凤挑更是随着程派《锁麟囊》的声线而光彩流动。幼时的我当然还不知道这繁复的行头具体叫什么名字，但那演员的一颦一笑却已深深地镌刻进了孩提时代。

可我偏偏是男生——从专业上看，男生唱京剧没有任何问题——但在现代校园中，着实是一件不新鲜的“新鲜事”。会不会被嘲笑不够男子汉？那年杪秋，幽阒的小道中，淡淡的秋光下，彳亍着一个热爱京剧却又胆怯的少年。

“吉日良辰当欢笑，为什么鲛珠化泪抛。”脑海中回忆起那红帔，那凤挑。是啊，既然喜欢，既然选择，又何必退缩，何必迟疑？

## 戏·亦难

学戏，很难。一有不慎，台步就会走乱；一不小心，声音就会唱破；一不留神，身段就会走样。

大拇指轻轻贴于中指边缘，其余三指微微弯曲上翘。为了兰花指的“钩”与“柔”，我常常对着镜子独自练习。慢慢地，僵直、呆滞的手指有了些许灵性。目光聚焦，眼皮抬起，或跟着绢帕左右移动，或长时间不错眼地盯着墙上的“定睛物”。为让眼神变得更“明”、更“实”，我忍受着眼睛的酸涩、对抗着眼皮的打架，只想在学戏的路上再迈出一小步。当老师夸我的眼神更加明朗清爽时，我是那样自豪。京剧程派的“脑后音”常常让我这样的初学者摸不着头脑，既不能闷着唱，又不能过于明亮，这就对气息提出了很高的要求。所以，除了唱戏，体育锻炼也便成了我的“必修课”。每完成一句小小的唱词，我都觉得自己离梦想更近了一步。

## 戏·酣畅

“这才是人生难预料，不想团圆在今朝。”京胡一响，聚光灯下，我便融进了时空远处的那个女子，演着她，体味着她。不想，台下竟然是从未有过的掌声与喝彩。那一刻，我终于释然。

有梦便追，何惧！

**西梅同学：**老师，滥觞什么意思啊？感觉好高级的词汇啊！

**包子老师：**又忘记自主学习啦，快查《新华字典》。

**西梅同学：**老师老师，我学到一个新词汇——幽阒。我盲猜，是“幽静、安静”的意思吗？

**包子老师：**你猜得没错！

**西梅同学：**老师啊，我算是发现了，这一节全以戏曲为素材！

**包子老师：**写了那么多戏曲相关的范文，要是不都放进书里，不就可惜了吗？哈哈哈，你就让我任性一回吧。（西梅无语中）

**西梅同学：**这作文厉害了，搞得像真学过戏似的……

**包子老师：**……

**西梅同学：**这一节马上结束了，你有什么要说的吗？

**包子老师：**我想总结两点：第一，不要怕素材重复，重复的素材依然可以写出新的味道。第二，对于写作而言，戏曲是一块少有人开垦的土地，谁愿意开垦，谁会有更大的优势！

（突然，“轰”一声巨响，包子老师和西梅都惊呆了！你猜他们看到了谁？）

自由笔记区

话说"轰"一声巨响，天上出现了一个"巨人"，然后慢慢缩小成普通人的模样。此"人"的眼睛奇大无比，略带鹅黄之色，身披银色紧身衣，由红、蓝两色做修饰。原来，此"人"是来自M79星云的"翱忑梅"。

翱忑梅：你好，地球人，我是来自M79星云的"翱忑梅"。

包子老师：你好，奥特梅！

翱忑梅：对不起，我不叫奥特梅。翱翔的翱，忐忑的忑，请叫我翱忑梅。我是来向你学习中文写作的。我的写作水平相当于中国青少年的水平，请您指教！

包子老师：……

西梅同学：老师，我就在旁边静静地听着不说话……

# 翱忑梅从 M79 星云来了

一个疑惑

是一粒星光

在时间里眨眼

在空间里捉迷藏

直到

它们拉起手来

连成线铺成网

唔

那是每一个答案都在发光

## 初来乍到，请多包涵

- 鸢尾花
- 玉簪花
- 一品红
- 守候阳光
- 母爱如书

# 51 鸢尾花

落日的余晖渐渐地消失在地平线，窗外的树渐渐地穿上了青黛色的外衣。我心中原本七彩的调色板似乎也只剩下了黑白……

为什么？难道我画得不够好吗？绘画比赛失利的场景一次又一次地浮现在眼前，那斑驳的树影似乎也在嘲笑着我的无能。我的眼眶湿润了……

这时，身后的门被轻轻地推开了，一个温暖的声音传到耳际：“孩子，阳台的花开了，快来看看它的样子吧。”我慌忙拭了拭眼角，不情愿地转过身：“是那丛鸢尾？”“是啊，你不是一直期待它们能早日开花吗？”妈妈这才轻轻地走进房间，拉着我的手来到阳台。

月亮已不知不觉爬上中天，把丝丝清凉撒向大地，也洒在了阳台的那一盆鸢尾上。它真的开了！

我不敢相信自己的眼睛：蓝紫色的花瓣像起舞的蝴蝶，又似翻飞的纸鸢。金色的花蕊是那样浓郁，在这深蓝的夜色里是一片化不开的晴天，仿佛把周围都照得通亮。而昨天，它还只是一个个不起眼的花蕾，是什么力量让它在一夜之间迸发出如此顽强的生命力呢？

“还记得你最喜欢哪幅画吗？”妈妈轻声对我说。我的脑海中突然浮现出了凡·高那幅著名的《鸢尾花》：在寂寞的角落中，鸢尾却没有放弃生的希望，它们簇拥着，似乎要把整个世界填满……那么，我们又需要什么来填满自己的心灵呢？是失落，是苦恼，还是彷徨？不，一定还有另一样东西！

一回头，却发现妈妈正微笑地看着我，从她的眼里，我似乎也看到了一丛温暖的鸢尾花。

我重新拿起画笔，投入到练习中。因为，那一丛紫鸢尾分明已经开进了我的心里，它既单纯又灿烂，既谦卑又勇敢，既豁达又奋进。

每个人的心中，都应该有一盆鸢尾花，当你骄傲的时候它提醒你要谦逊，当你失望的时候它提醒你要乐观，当你彷徨的时候它提醒你要振作。那么，让我们从现在就开始种下这颗种子吧！

**翱忑梅：** 老师，青黛是什么？是地球上的一种特殊材质吗？

**包子老师：** 是一种颜色，相当于黑色，就是肉眼看黑洞的颜色。在中文写作的某些情况中，你可以用“青黛”代替“黑色”，产生唯美效果。

**翱忑梅：** 树影会发出嘲笑的声音吗？等一下，我去探测一下……

**包子老师：**（一把抓住翱忑梅）这只是中文里的一种写作手法而已，叫“拟人”。

**翱忑梅：** 门被推开，又传出声音……老师，你确定这不是鬼故事吗？

**包子老师：** 这是写作中的“未见其人，先闻其声”……是一种高级的写作方法。

**翱忑梅：** 地球上这么多花，我要全部观察一遍再写吗？

**包子老师：** 花一般都有花蕊和花瓣，你找到自己喜欢的花，通过描写花瓣的颜色、形状以及花蕊的样子，就可以展现出花的样子啦！

**翱忑梅：** 凡・高我知道，是一位画家，我在 M79 星云就了解过他。

**包子老师：**（惊讶于翱忑梅的文化素养如此深厚）好吧，原来地球孩子们最缺的文化素养反而在你那里却是最简单的。

**翱忑梅：** 我大脑中有一块芯片，存储着关于地球的所有知识，但是这些知识怎么运用却要依靠地球的老师来教我。

**包子老师：** 你和很多同学有共同点，书看得不少，懂的东西也不少，但不会灵活运用。

**翱忑梅：** 文章看完了，能总结一下吗？

**包子老师：** 此文就是最经典的“托物言志”类写法，先不着急总结，我再给你讲解几篇，你就懂了。

**西梅同学：**（不说话，就静静地听着，一脸痴迷地看着翱忑梅）

# 52 玉簪花

夕阳是一首疲惫的歌，渐渐地流淌进了黛青色的天际。我心中原本五彩的丹青此刻却只剩下了黑白。

为什么？难道我还不够好吗？我将钢笔丢在一边，作文比赛失利的场景仿若一个挥之不去的梦魇，一遍又一遍扼住我的咽喉。那窗外的树也似乎在嘲笑着我的无能，我的眼眶湿润了……

“孩子……”身后传来一个“小心翼翼”的声音，“阳台的花开了，来看看它的样子吧。”“是那盆玉簪花？”我慌忙拭了拭眼角，不情愿地转过身。“是啊，你不是一直期待它开花吗？”妈妈这才轻轻地走进房间，拉着我的手来到阳台。

月光把洁白的水袖撒向大地，也笼在了那一盆小小的玉簪花上。它真的开了！我不敢相信自己的眼睛：一柄柄白花擎起，隐约如绿波上的白帆，仿似要驶向远方。那独特的香味宛如梵阿玲奏出的小夜曲萦绕在鼻尖。可是，昨天它还只是一个个从绿叶间羞涩地探出头来的小棒槌，是什么力量让它在一夜之间迸发出如此令人惊叹的美呢？

“还记得背过的那首《玉簪花》吗？”妈妈轻声地提醒我。我的脑海中突然浮现出了宋代李处权的那首诗：“秋露日以繁，秋气日以清。爱此堂下花，色好香满庭……颓然衰病余，见花犹眼明。”诗人在这小小的生命中领取一份感慨，一份感动，一份感悟，那么，我又需要在其中领取什么呢？

一回头，发现妈妈正微笑地看着我，从她的眼睛里，我似乎也看到了一株纯洁而美好的玉簪花。我重新拿起笔，继续投入到作文的练习，誓将这一瞬的美记录在笔尖。

我知道，那一株玉簪花此刻也开在了我的心间——要让那日积月累的力量绽放美丽，要让那厚积薄发的坚守吐纳芬芳，要让那静水深流的执着凝聚生命的启悟……

**翱忑梅：**根据数据分析，这段和《鸢尾花》在写作形式上相似度极高。

**包子老师：**是的，但你发现了吗，这段话用了一种新的写作手法——通感。“夕阳是一首疲惫的歌”，把视觉和听觉打通，就是用了通感的方法。

**翱忑梅：**根据大数据，中国作家朱自清在《荷塘月色》里面也用过通感，如“微风过处，送来缕缕清香，仿佛远处高楼上渺茫的歌声似的”这句，把嗅觉和听觉打通。

**包子老师：**你是我教过的最特殊的学生了……

**翱忑梅：**梦魇，这个词就是您所谓的能增加文艺感的词汇，对吧？

**包子老师：**正解！不过还有一个词——“仿若”，你也需要记下来。另外“仿如”“仿似”；“恰若”“恰如”“恰似”；“宛若”“宛如”“宛似”统统都记下来。

**翱忑梅：**输入完毕。

**西梅同学：**一副惊呆了的样子！

**翱忑梅：**已自动搜索玉簪花照片，对比之下发现还是文学更有魅力。

**包子老师：**你太强了，我的翱忑梅！

**翱忑梅：**已经自动匹配宋代李处权的所有诗作，还自动匹配所有与玉簪花相关的诗作，我的操作是正确的吗？

**包子老师：**完全正确！看来素养好的同学学起作文来就是快啊！

**翱忑梅：**对比两篇文章，我发现了写作的规律：遇见困难——遇见某种花——受到启发。

**包子老师：**你再学一段时间就完全超越我了！翱忑梅，以后保卫地球的任务就拜托你了！

**西梅同学：**继续惊讶中！

# 53 一品红

雨，那么意外，那么突然，顷刻间把天地撕破，无情地打在紧锁的窗上，碎在这迷蒙的天地中……

为什么？难道我跳得还不够好吗？舞蹈比赛失利的场景又一次浮现在眼前，仿若一个梦魇扼住咽喉，我的眼眶又一次不争气地湿润了。

“孩子……”身后传来一个“小心翼翼”的声音，“快看看院子里的花吧。”“是那丛一品红？”我不情愿地转过身。“是啊，你不想看看它雨中的样子吗？”妈妈轻轻地走进房间，帮我推开窗棂。

漫天的雨纷然又漠然，透过雨的雾帘，我发现了那丛一品红，像一团火焰在雨中燃烧，淋不坏，浇不灭。当大地都在雨的混沌中的时候，为何似乎唯独它依然燃烧着生命？

“知道它的‘花瓣’为什么不会被大雨打落吗？”妈妈轻声地问我，“因为它根本没有花。”

“没有花？！”我惊异地看着妈妈。

“是啊，一品红本没有花，但它渴望开花，于是将叶子开成了‘花’。”妈妈不再多说，默默地看着我。

是啊，它渴望开花，但不能开花，这本该是一种毫无回旋余地的绝境，可它竟将叶子开成了花！这样的结局，需要什么样的努力才能做到呢？没有花，哪怕是将叶子开成花，也要实现一种理想，成就一个信念，这样的顽强，我却不及花。而正是这叶子开成的“花”，才经得起狂风肆虐，才经得起骤雨摧残，才会在其他花纷纷凋零的时候依然像火焰般燃烧不止。

我羞愧了，我发现我竟然还不及这一丛在人们看来无比“卑微”的一品红。舞蹈比赛失利的场景又一次浮现在眼前，那不就是一场雨吗？我之所以会灰心丧气，是因为我心中的信念之花还不够顽强。眼前那一品红似乎变得更加火红而夺目，我知道，它已经悄悄地开进了我的心里。

拿起舞鞋，拭去泪水，我决定我要像这一品红，盛开在青春的园圃中。

**翱忑梅：** 先写景物，然后写心理活动，是这样吗？

**包子老师：** 记得景物和心情要匹配，在中文里，这叫作“借景抒情”。

**翱忑梅：** 如果一直是这种“套路”的话，我想我不需要再学习了，包子老师！

**包子老师：** 你太小瞧地球人的思维力了。（显然，这句话让包子老师有点生气了，看来得和翱忑梅 PK 一下了）

**翱忑梅：** 到底有没有“花”？不就是叶子吗？为什么能说成是“花”？中文写作可以不尊重大自然的实际情况吗？

**包子老师：** 这你就不懂了，这叫作“欲擒故纵”，先把“叶子”写成“花”，最后交代“真相”，这只是一种文学手段而已。写作，既要尊重事实，也要学会艺术性的“迂回”。

**翱忑梅：** 不太懂。（核心脑飞速运算着，似乎运算区的温度过高了）

**翱忑梅：** 看来，我的程序需要重新调整了。“逻辑性”太强，似乎不适合中文写作。

**包子老师：** 你所谓的“逻辑”是“自然科学”的逻辑。文学创作也有其自身的逻辑，我们称之为“文学逻辑”。

**翱忑梅：**（疯狂搜索“文学逻辑”，却始终无法匹配相应程序）

**翱忑梅：** 包子老师，我错了，我应该谦虚地向地球人学习！

**包子老师：** 孺子可教！

**西梅同学：**（长长舒了一口气）

# 54 守候阳光

金色麦浪涌动在蔚蓝天空下，在那里我曾怀抱幸福，在那里我曾怀抱遗憾，在那里我更怀抱着希望。

那一年，麦浪涌动的日子，我伸手，指向那片金色的天空，问你那是什么。你笑了，用枯枝般的手摩了摩我的头："娃子，那是麦子，我们一辈子都离不开的麦子。"我奔向那片金色的天空，心里满是纯纯的喜悦。我不知道，身后的那个人已经笑开了花。我想，就是在那一次，我在心底种下了阳光。

那一年，又是麦浪涌动的日子，我低头，不忍看那金色在招摇，我觉得天是灰暗的，风是嘈杂的。"那是什么，还记得吗，娃子？"你怯怯地。"都说了多少遍了，不就是麦子嘛！我们一辈子都离不开——"我故意把声音拖长以显示不耐烦。可你，还是用皱纹挤出一个笑容，看看我，又看看麦子。

那一年，还不等麦子掀起浪花，你便要我来到田间，你要我看那一簇簇的绿，要我仔细观察。我瞪着眼，并没有发现有什么特别。于是，你又笑了，你用粗糙的手指指了指那绿中隐约的一点白，告诉我，那是麦花。"麦花？麦子也有花？"我刚结束好奇，便开始嘲笑自己，哪有不开花便结果的植物呢。

可是——可是为何我以前却从不曾留意？还是说，麦花从来便不曾想引起我们的注意？这小小的、不起眼的，甚至不被人提起的麦花，竟孕育出了人类最不可或缺的食物，它是如何守候住了那一片阳光？

麦花把它独有的香味氤氲进了蔚蓝色的天空，"明年我还要再来和你看麦花，赏麦浪。"我这样对你说。可谁知，那一年，你再也没有陪我看那涌动的麦浪。麦浪翻滚着，我的泪花也翻滚着，我终于明白了你那些未曾说出的话语，你希望我的成长如这麦子的成长，学会守候阳光，不喧嚣，不张扬，默默地让自己变得饱满，经历孤独的等待，经历风雨的洗礼，开出小小的麦花，孕育饱满的麦香。

又是一年涌动的麦浪，我驻足凝望，因为在那里，我收获了一份温馨，守候了一片阳光。

**翱忑梅：** 根据数据库搜索，此段意境和一首中文歌曲《风吹麦浪》有相似之处。

**包子老师：** 确实是此文的灵感来源，翱忑梅你厉害了！

**翱忑梅：** 这样的场景似乎在地球很常见。爷爷带着孙子去看麦浪、看稻浪、看桑园……

**包子老师：** 其实你说的正是此文可以参考的写作素材呢！

**翱忑梅：** 类似的场景，不一样的故事。这就是文学中“变与不变”的逻辑吗？

**包子老师：** 哦？你现在学习速度很快啊！是的，不变的是环境，变化的是故事和心情。

**翱忑梅：** 麦子确实会开花，只是花很小，不易发觉。看来地球人还是要多多观察。

**包子老师：** 正是因为麦子的花不容易被发现，才有了“文学创作”的可能哦！

**翱忑梅：** 中国人好厉害！小小的麦花，被赋予了特殊的意义——奉献与孕育。

**包子老师：** 这就是大自然的力量！这是一篇既寄托了浓浓的亲情，又蕴含满满哲理的文章哦。翱忑梅，你要好好学习！

**翱忑梅：** 把类似的场景重复三遍，但不是简单的重复，而是根据故事的发展层层递进，这样的写作方法有名字吗？

**包子老师：** “一景三现”法，一个场景三次重现！

# 55 母爱如书

母爱如书，书中写着“谎言”，而我却读到了爱的真实。

落日的余晖轻轻地洒进屋子，把飘香的餐桌点缀得更加“金碧辉煌”。全家分享着那盘金黄酥脆的藕荷，我还不时地用舌头舔舔留在嘴角的“珍馐”。不一会儿，盘子上便只剩下最后一块，似乎等待着我们的“争抢”。“快吃了它！”您指着藕荷道。“妈，您吃。”我把伸出去的筷子又缩了回来。“我饱了，再不吃就凉了，快！”说着您把藕荷塞进我的嘴里。

您说谎了，而我并不拆穿，这小小的谎言里何尝不是最真实的爱呢？

母爱如书，书里写着“唠叨”，而我却读到了爱的简明。

昏黄的灯光照亮了墙角那一个“军用背包”，也照在了妈妈忙碌的身影上。明天就要军训了，为了不让我“吃苦”，她已经忙碌了一个晚上。“毛巾和牙刷在外侧的小袋子里，防暑药就挨边儿上，记住了吗？”她不放心，又把包翻出来检查了一遍，“袜子放在最底下，记得每天换，还有……”“妈，我知道啦，您放心吧！”“对了，身体不舒服要跟教官说，不要硬撑……”妈妈并不理会我，不厌其烦地“嘱咐”着。

这絮絮叨叨的话语里，浸透的不正是最深沉而又最简明的爱吗？

母爱如书，书里写着“沉默”，而我却读到了爱的最强音。

消毒水味儿和酒精味儿混合病人的呻吟弥漫在空气中，拥挤的医院里连过道上都放着病床。刚做完手术的妈妈被推进病房，医生说麻醉药效消失后病人会异常疼痛。时间一分一秒过去，妈妈渐渐苏醒了过来。“妈，你疼不疼？”我噙着泪水。妈妈嘴唇微启却没有说话，憔悴而苍白的脸上露出一个勉强的微笑，似乎想告诉我：“孩子，妈不疼，一点都不疼。”然而，微蹙的眉头却出卖了她。

这沉默，难道不是爱的最强音吗？

母爱似书，需要我们用心品读；母爱又不似书，因为书有读完的一天，而母爱却用永恒做注脚。

**翱忑梅：** 到底是“谎言”还是“真实”？我的逻辑又乱了。

**包子老师：** 是善意的“谎言”里包含着“真实”的爱，所以两者并不矛盾。这样的一种“看似矛盾”而并不矛盾的文学创作手法，是很值得大家学习的哦！

**翱忑梅：** 包子老师，您能再举个例子吗？

**包子老师：** 我“焦急”而又“耐心”地等待着。

**翱忑梅：** 想起来了，M79 星球上我的妈妈也是一个“爱唠叨”的妈妈呢！

**包子老师：** 看来宇宙里的妈妈们都是一样的呀。尽管有时候我们会感到烦恼，每一句唠叨里都是满满的爱意呢。其实除了可以写唠叨以外，还可以写妈妈的鼓励、鞭策，等等。

**翱忑梅：** 我慢慢找到了地球人创作文学的感觉了。就好像这一段，明明没有声音，却写成了爱的“最强音”，这是一种精神上的力量吧！

**包子老师：** 没错，这样就让文章有了一定的起伏。

**翱忑梅：** 结尾的方式我好喜欢，超出了我的预期。

**包子老师：** “母爱用永恒做注脚”这样的句式可以用在其他的素材中，比如“梦想用汗水做注脚”，“青春用拼搏做注脚”，“生命用乐观做注脚”，等等。

自由笔记区

## 慢慢适应地球人的思维

- 缩影
- 文明的细节
- 我的平仄生活
- 寻
- 开出不一样的花朵

# 56 缩影

一条条小胡同，见证着我的成长，见证着北京的变化。

——题记

“爷爷，快上车，以前都是您带我走胡同，这次换我带您重游一次！”

欢乐的小胡同里裹着老北京的厚重却又处处洋溢着新北京的“年轻”。我骑着斑驳的小三轮，回头望了望坐在车里笑得心满意足的爷爷，思绪又飘向了那曲曲折折的小胡同和那些曲曲折折的小故事……

“孙女，上车，爷爷带你走小胡同。”小时候放学，爷爷常常骑着小三轮，带我穿过那些曲曲折折的小胡同。他说，以前胡同里的百姓生活很苦，而我们赶上了好时候。尽管如此，记忆中的胡同却狭窄而阴暗，如果天黑得早，昏暗的胡同更显幽森。偶尔还有几盏坏掉的路灯，闪烁着昏黄而瞌睡的眼睛。胡同里，家家门口还堆着一些杂物，似乎永远也清理不完。爷爷的小三轮还常常轧过随意丢弃的塑料瓶，发出的声响惊醒胡同里一只瞌睡的猫……

后来搬了家，便很少有机会再坐爷爷的小三轮。其实，我更不愿意面对的是那些狭窄而阴森的胡同。高速发展的北京，什么时候能有一条条干净整洁的胡同呢？想象着那小胡同，我仿若看见了爷爷骑着小三轮在胡同中黯然穿梭的身影，不禁鼻头一酸……

“北京胡同的脏、乱、差得到了治理，真的吗？”那天读完新闻，我眉头微蹙。那个童年生活的地方变成什么样了呢？带着好奇，我拨通电话：“爷爷，这周末我来带您走胡同！”

一阵轻软的微风把我的思绪拉回现实，原来我们已经来到了胡同口。看到我脸上的一丝疑惑，爷爷脸上漾起了自豪的笑容：“很久没来了吧，胡同早变啦！”我回过神来，发现小胡同已经完全变身：坑坑洼洼的小道铺上了青石板，干净、整洁，完全不像我记忆中的样子。两边都重新安上了智能路灯，再也不像小时候那样曲折阴暗，更可喜的是，家家户户门口的破旧杂物一扫而空。“爷爷，小三轮该换换啦，节能代步车来一辆如何呀？”我调皮地瞅了瞅爷爷。“好，好，宝贝，以后要常回家看看啊！”爷爷笑了，幸福的风吹皱了他的脸颊，绽出一朵慈祥的菊花。

小小的胡同，因为有了岁月的洗礼而变得厚重，却因为现代化的祖国而重新找到了年轻与活力。原来，小小的胡同，是我们幸福的缩影，更是新时代的缩影。

**翱忑梅：**这样的场景是地球人的“专利”吗？

**包子老师：**在中国，“隔代亲”是很常见的现象。所以在写作中，我们经常会选择写祖父祖母的题材。

**翱忑梅：**这是一段插叙，很有画面感。

**包子老师：**“发出的声响惊醒胡同里一只瞌睡的猫”用了动静结合的写作手法，主要目的是为了突出胡同的安静。

**翱忑梅：**我渐渐发现，这个文章不仅仅是怀念童年生活，也不仅仅是表达亲人之间的爱意，还暗示了北京的发展和祖国的发展。

**包子老师：**对，这就是“以小见大”的写作手法，通过一条小小的胡同，反映出了时代的进步。

**翱忑梅：**终于知道文章前面为什么要写胡同的“脏、乱、差”了，是为了和这里的描写形成对比。

**包子老师：**嗯嗯，一方面是对比，另一方面也是呼应，这样整篇文章就显得比较圆满。

**翱忑梅：**把身边的故事升华为时代的变化，这就是一种升华主题的方式吧？

**包子老师：**正解！

## 57 文明的细节

翻开日记，那些文明的细节是一串串晶莹的珍珠，装点着这个古老而又崭新的城市。

### 10月1日 星期日 晴

节日里的小胡同是一条缓缓流动的河，狭窄的青石路上裹着驴打滚的甜、糖葫芦的酸。突然，这条欢乐的“小河”停止了流动——两辆小轿车迎头“对峙”，阻塞行进的人流。

“哥们儿，您先过，我这就往后退！”红色“大奔”里探出了一个滑溜溜的“小光头”，嘴角带着笑意，眼睛眯缝着。“大哥，我不着急，您先过吧！”谁料这边也谦让起来。话语声刚落，红色“大奔”已往后退出了几米……

欢乐的小河又重新流动了起来，它轻轻地诉说着：文明虽小，却温馨。

### 12月25日 星期六 雪

晶莹的雪花把大地装扮得格外美好。小区门口，他，紧裹着一件有些发白的军大衣，不厌其烦地为忘带门禁卡的居民们拉开铁门，一遍又一遍，看似机械的重复动作中似乎透着快乐与执着。

“谢谢叔叔！”一个清脆的声音传来，紧接着，两个灿烂的微笑在雪中绽开，然后轻轻地融进了这纯白的世界。

也许，在他看来，一句简单的答谢已然是最好的回报。然而，他却不知，在这进进出出的人群中，人们早已在心底刻下了满满的敬意。雪花静静地飘落，悄悄地诉说着：文明虽细，暖人心。

### 3月5日 星期六 雨

春的气息溢满大地，也溢满了公园里寻春的人们。雨丝和锦簇的樱花织成了一幅写意水彩。

突然，一只空易拉罐从人流中被轻轻抛出，掉落在绿油油的草坪上，像一条离开水的鱼，惊恐地张大着嘴巴。这时，一个颤颤巍巍的身影走向草坪，她一头银发，脸上布满皱纹，缓缓地俯下身，将空易拉罐拾起。熙熙攘攘的人们只顾头顶的风景，却不知，这简单却不平凡的一幕才是最美的春之风景。

春天会逝去，而这个文明的细节却留在了我的心中：文明之举，更争春。

原来，文明的细节像一个个花瓣，用心拾起，便会春满人间！

**翱忑梅：**这篇文章是真的把平时的日记集中起来了吗？

**包子老师：**非也。其实啊，这是一种写作的方式，叫作“日记体”。用这种方式写作会显得真实而亲切，在适当的时候不妨试一试。

**翱忑梅：**说说我的发现吧。“第一篇小日记”选取的是两个成人的故事，发生的地点是马路，而“第二篇小日记”选择的是一个大人和一个小孩子的故事，发生的地点是小区。这样做的目的是为了让文章更丰富吗？

**包子老师：**嗯嗯，准确地说，是更“典型”。文题是“文明的细节”，既然这样，就要从各个角度进行选材。不过你还忽略了一点哦！

**翱忑梅：**老师，我还忽略了哪一点啊？

**包子老师：**你忽略了“细节”二字，你仔细看，文中的素材其实都是生活中非常小的“细节”，一次“主动倒车”，一次“主动开门”，一次“主动捡拾垃圾”，都是文明的细节呢！这样的细节在生活中还有很多，你可以从社区、学校、公园等地方找一找，相信你会有很多发现。

**西梅同学：**（使劲地点着头）

# 58 我的平仄生活

小时候，并不懂诗。

你要我背诗，先背的是“锄禾日当午”，后背的是“白发三千丈”。我不知道这两者之间有什么联系，却只是懵懂地在平仄间游走。那一晚，你下班回来晚，一推门便见我哭红着眼睛拉住你的衣角不放，你忙问发生了什么，得到的回答却是“妈妈不在，一个人背诗不开心”。你替我擦干泪花，陪我躺在小床上，陪我背诗，“月落乌啼霜满天，江枫渔火对愁眠”。

也曾，远离诗歌。

少年的心事总是难以捉摸。有那么一刻，我突然讨厌起诗歌来，仿佛那些背诗的日子是灰暗的。会背诗，仿佛并不能引来多少歆羡的目光。我渴望着像一匹不羁的野马，脱开诗的缰绳，跑向更广阔的原野。那时的你，并没有责怪，只是悄悄收起了《千家诗》，码在了书架的最高层。“众高鸟飞尽，孤云独去闲”，那些平仄，渐行渐远。

直到，诗花满地——

你依旧每日背诗，依旧背那些我们曾背过的诗。偶然间被问起，你只是说自己老了，需要经常复习。有时候你也会突然对我说，你好像找不到我了，见我木然，只能调转身去。那天，我又哭红着双眼回到家，跟你愤愤地讲述着在学校遇到的“不公”，不经意间蹦出一句“天生我才必有用”，然后我停住了，怔住了，我发现那些平仄早已不经意间融进了躯体。那晚，我再次翻开发黄的旧页，仿佛又回到了那段时光，你问“君家在何处”，我答“孤客最先闻”，你品“何处秋风至”，我道“幽人应未眠”，与你探讨“浮沉千古事”，与你争论“屈子怨何深”，那些音韵又回到面前。我平静了，又澎湃了，突然——诗香满地，花香满地。

不知道为何爱上了诗，也许是因为诗，也许是因为你。与诗相伴的日子，那样沉静，那样温煦。而今，霜花已悄悄爬上你的鬓角，你说，你的记忆力越来越不好，不知道还能否一直陪我读诗，但看到我回来了，一切就都好了。

诗，平平仄仄，诗的生活亦是平平仄仄。我想，这就是我爱诗的原因，爱你的原因吧。

**翱忈梅：**地球上的诗歌真是一个神奇的东西！

**包子老师：**这篇文章的结构安排很有意思，通过“诗”牵动起了整个故事，所以“诗”是整个文章的线索。用“诗”作为线索的另一个好处就是让文章充满艺术感和文化感。

**翱忈梅：**根据我的数据分析，“歆羡”这个词在青少年写作中很少运用。

**包子老师：**嘿嘿，所以啊，你平时写作多用一用这样的词汇，让老师“眼前一亮”。另外，“码”字用得也很好，也可以学一学哦。

**翱忈梅：**明明是很普通的故事，但经过作者这么一写，文章就瞬间变得艺术气息满满。看来，在学习写作的道路上我还有一段路要走呢！

**包子老师：**想要写好作文，首先不能怕，因为写作没有想象中的那么难。不管是语言、素材还是结构，都是可以通过“模仿”来慢慢进步的。其次，写作不能急，好作文不是一蹴而就的，平时多看好文章，多思考，哪怕是已经写过的作文也可以反复修改反复写。

**翱忈梅：**用“平仄”来概括本文，也未尝不可吧？

**包子老师：**很不错的想法呢！概括一下本文的思路吧：对诗似懂非懂——讨厌诗歌——爱上诗歌也学会感恩。这是一个常见的写作思路和结构，我建议你可以存储下来，我保证，你以后经常会用到的呢！

# 59 寻

"日夜的风，把山脊、山坡塑成波荡，那是极其款曼平适的波，不含一丝涟纹。"彼时的我读罢余秋雨《文化苦旅》中的鸣沙山，心中倏然升起一丝向往。

## （一）见你

去年暑假，机会来临。

初踏鸣沙山，一阵阵滚滚热浪扑面而来，那是我从未切身感触过的。弯腰，俯身，勾手，触沙，那是极为炽热的感染，顿时一阵烧灼之痛蔓延全身。心中反反复复、仔仔细细度量着脚步，向前踏出一小步，定倒退大半步；用力向前迈，却发现半条腿陷在沙里。我迷失于黄沙漫漫之间，屡试屡踬、懆懆、惆怅，刮过的朔风，刮不走我的徘徊。

看看旁边骑骆驼的游客的悠闲身影与自己在沙堆中步履维艰的颓唐，顿时一阵强烈挫败感弥漫全身。我在亢奋与疲惫中喧叫：继续？继续！向前？向前！我坚持着，忍住手脚的伤痛，像一只真正的爬行动物一样，伸出双手，迈开双腿，手脚并用，一心向前——

双腿颤颤，筋疲力尽，已到半程。这里的沙突然没有了那份难熬的灼热，大漠的黄风时时刮过，竟带来一丝清凉。索性，我躺在沙上，就像因思念故土而不能入眠的赤诚游子回到家乡一般，任凭风沙渐渐掩埋我。地为席，天为盖，我愿时间在此永远定格。

那一次，我未登顶。

## （二）不见你

再后来，攀过险绝雄奇的华山，登过烟雨迷蒙的青城山，踏过白雪覆盖的岷山……它们或险峻重岩，或清新淡雅，或万壑争流，可那茫茫沙漠一湾清泉的景象仍在我脑海中挥之不去。

挡眼的巨大沙山，无边的金色大漠中竟环抱着一泓纤瘦婉约的清泉。按它的品貌，该坐落在富春江畔雁荡山间，该坐落在九曲溪流武夷山边，该坐落在三清湖岸玉山之间，可它却呈现在这漫天黄沙中！大漠、清泉、飞沙，这总归只是半山的景色。可就在那不含涟纹而极其款曼平适的波尖，又是一番怎样的撼人美景呢？

**翱忑梅：**包子老师，余秋雨的《文化苦旅》是一本好书呢！

**包子老师：**推荐读一读，对咱们写作的帮助还挺大的。

**翱忑梅：**“继续？继续！向前？向前！”简单的两个标点符号就准确地传达出了内心想法呢！厉害！

**包子老师：**所以，有时候心理描写不一定非要用“我想”来引出，标点符号也是一种很好用的手段呢。这一点，其实我很早以前跟冬梅同学就讲过。

**翱忑梅：**屡试屡踬、懆懆，这些词我是不是也应该好好记下来呢？

**包子老师：**是的，用你超强的记忆力存储起来吧！

我多么想登顶鸣沙山！在那黄沙漫漫中俯瞰月牙泉，体味大漠如此一湾，风沙中如此一静，荒凉中如此一景。那给浮嚣以宁静、给躁急以清冽、给高蹈以平实、给粗犷以明丽的景致始终令我神往。

这一次，我想登顶！

## （三）你都在那里

渐渐地，鸣沙山月牙泉，于我脑海中，于我心中，不再是雄奇一座黄沙山，不再是澄澈一泓清水泉，而是永恒存在的一份美好。

见，或者不见，已经不再重要。我想，人生很多时候也是如此吧。不必刻意追寻所谓的无限远方，也不必迫切追悔遗失的曾经美满。只要心中留存着那一份牵念，留存着那一份真诚，留有一座永远寻不到却又早已寻到的“鸣沙山”，或许，那些难以挣脱的枷锁便在自然而然中解开，那人生的“月牙泉”也就透明而澄澈了。

我知道，我“登顶”了。

**翱忑梅：** 我还没有去过月牙泉呢，好想去体验一把！

**包子老师：** 正因为没有登顶，所以月牙泉成了心中的一个梦，一个旖旎的梦。通过一番想象，月牙泉更美了！这种虚实结合的手法，已经不止一次出现在本书中了哦。

**翱忑梅：**“见”“不见”“你都在那里”，文章的三个小标题，根据我搜集的信息，是化用了仓央嘉措的诗——《见与不见》呢！

**包子老师：** 哈哈，这次你的信息出错啦，其实《见与不见》不是仓央嘉措写的哦！不过，说到仓央嘉措，确实是值得你好好关注一下的“活佛诗人”。

# 60 开出不一样的花朵

## （一）已是黄昏独自愁

黄昏一寸一寸地爬上矮墙，把天边的晚霞酿成了酡红，夜像半透明的油纸一点点铺展开来。停下手中的笔，看着眼前横走斜行的字，我心中也满是横走斜行的惆怅。久练不就的一幅字将原有的自信敲得支离破碎。低声自问，难道这个瓶颈真的过不去了吗？

“古之立大事者，不惟有超世之才，亦必有坚忍不拔之志。”灰白的月光越过矮墙，闯进书房，把字帖中的一撇一捺映得更加明亮了。凝视着字帖，发现这久久翻不过去的纸页竟落了一层薄薄的灰，被月光勾勒出了一个银色的边。

## （二）长风破浪会有时

“学习书法，最重要的就是一个‘精’字！”书法老师的话语再次响起，“人如书法，书法如人，要耐得住，才能立得起。”久立桌旁，心里倏尔润朗起来，望向窗外，月光褪去了灰白，变得皎洁清新。轻拭细灰，凝神处，却猛然发现“坚忍”二字显得愈发明亮了。

“仰视则迢递百寻，下临则峥嵘千仞。”翻开欧阳询的《九成宫碑》，细细品味笔触间那如高山坠石的雄浑，如长空之月的清雅，如千里之云的飘逸，如劲松倒折的不羁。

提起笔，借着月光，开始又一轮的练习。此刻的我，觉得自己仿佛是个战士，挺立的笔杆是我的枪矛，醇黑的墨汁是我的甲盾，在鹅黄的宣纸铺就的战场上，纵横捭阖，冲锋陷阵。阵阵酸麻从指尖蔓延到手臂，细密的汗珠在鼻尖额头渗出。提——按——顿——挫，每一笔都倾注着所有的努力，横——折——撇——捺，每一划都凝聚着所有的执着。月光里，墨香中，那一刻，心中开出了一朵花。

## （三）别是一番滋味在心头

楷书、隶书、行书，颜真卿、蔡邕、王羲之……那些日子，我在书房中亲吻第一缕朝阳，在纸砚里告别最后一抹夕阳，一遍遍地临摹，一遍遍地思索，终于——笔下的字渐渐有了生机。走在探索书法之美的路上，我心中的信念之花已经开出了别样的色彩。

游走在书法中，我渐渐懂得，一朵花的别样不在于其色彩的斑斓，不在于其形态的异样，只在于这朵花在与自我的抗争中，收获了一份从容与睿智，一份豁达与执着，这便是我，要开出这样一枝不一样的花朵。

**翱忑梅：** 第一句话写夕阳，好美！还有那句“看着眼前横走斜行的字，我心中也满是横走斜行的惆怅”，也好棒！

**西梅同学：**（这个文章怎么这么熟悉？好像在哪里见过？）

**包子老师：** 这篇文章的写法我教过西梅同学，现在让西梅同学来教教你吧！

**翱忑梅：** 西梅，这个文章是什么思路啊！

**西梅同学：**（终于可以说话了）从素材的选择上看，一般都会选择带有“中国文化”味儿的内容，比如书法、绘画、古琴、茶道……在结构上，选取三句诗歌或者化用三句诗歌作为小标题，分别点出“困难”“努力”“成长”这三个核心意思。在语言上，尽量优美一些。总之，不会写的话，先“模仿”包子老师的范文就好啦！

**翱忑梅：** 我的词库里有很多词句，于我而言，只要给我相应的素材和写作思路，我就能比较快速地完成一篇作文。

**西梅同学：** 我和你刚好相反，我很快就能掌握写作思路，我也很能找素材，就是“憋不出”好词好句。

**包子老师：** 你们的问题其实也是同学们最普遍的两种问题。对于缺乏素材和写作思路的同学，可以用本书中的素材和思路，不会出错。对于缺乏好词好句的同学，可以多多摘抄本书中的好词好句哦！

自由笔记区

# 数据多也是有好处的

- 重读经典
- 读书感悟
- 回到那一刻
- 走进历史
- 他们在，我在

# 61 重读经典

站在历史的深处，经典重现，一字字，一句句，勾起美好的断想。

何草不黄？何日不行？何人不将？经营四方。

昔我往矣，杨柳依依。今我来思，雨雪霏霏。

硕鼠硕鼠，无食我黍，三岁贯汝，莫我肯顾。

重读《诗经》，我不仅读到了炽热的爱，更读到了征战的痛，读到了纷乱年代百姓的苦。一部《诗经》，谁说只有“窈窕淑女君子好逑”？谁说只有“所谓伊人在水一方”？看，那雨雪霏霏中是多少归人的愁苦；听，那“无食我黍”的悲愤是多少百姓的心声。《诗经》用最浪漫的形式传达着最深沉的情感，好像一眼取之不尽、用之不竭的泉，汩汩而出，为中国文化注入了最原始而又最深远的力量。

朝闻道，夕死可矣！

死而后已，不亦远乎？

逝者如斯夫！

重读《论语》，我突然发现，那个白发苍苍的孔圣人并非我印象中那个一板一眼、慢条斯理的“书儒”形象。为了实现“仁”的思想，他处处奔波，心急如焚；为了教育学生向善，他苦口婆心，甚至声嘶力竭。他心系天下，为社稷而急，为百姓而急，为“仁”之不行而急。你听，“仁以为己任，不亦重乎？”是他真真切切的心声；你听，“人不知而不愠，不亦君子乎？”是他的宽厚，更是他的执着与勇敢。

长太息以掩涕兮，哀民生之多艰。

亦余心之所善兮，虽九死其犹未悔。

路漫漫其修远兮，吾将上下而求索。

重读《楚辞》，喜欢宋玉的睿智，也喜欢东方朔的风雅，但更欣赏屈原的赤子之心。原来，美好的音韵间并不只有愤世嫉俗的悲鸣，更有对黎民苍生的一腔赤诚。有人批评屈原过于消极，说他“多芳菲凄恻”之音，但是又有谁懂得，当屈子吟游江畔的时候，当他脸色憔悴抬头问天的时候，当他呐喊“众人皆醉我独醒”的时候，他以肉体的泯灭点燃了精神的火把，为后人照亮了一条通往理想世界的道行。

站在历史的远处，重读经典，我们听到的是亘古的风翻开书页的声音，回响起的是对众生的悲悯情、对生命的敬畏心。

**翱忑梅：** 包子老师，这样的文章对于我来说真的好简单，因为我的芯片里面存储了好多好多文化素养啊！（翱忑梅终于感觉轻松了许多）

**包子老师：** 这种“文化散文”类型的文章，其实对于普通同学是最难的，因为需要长期积累。但是，只要积累到位了，结构上就很轻松了。基本的写法是：引用经典中的句子 + 内容解读 + 评价，遵循这样的逻辑，基本不会出错。

**翱忑梅：** 从《诗经》到《论语》，虽然经典换了，但是依然围绕同一个中心：关心百姓疾苦。这样前后就有了一条贯穿的主线。

**包子老师：**（惊讶）翱忑梅，你已经能看到文字背后的东西了，真好！

**翱忑梅：** 老师，我有个问题，一定要引用三句原文才可以吗？

**包子老师：** 当然不是啦，一句也可以的哦！

**翱忑梅：** 总结上文，前后呼应。

**包子老师：** 看起来很简单的写作手法哦！但是，很多同学其实在写作的时候没有去运用，真的很可惜啊！

**翱忑梅：** 老师，我很喜欢这样的文章，我猜这种文章能写的人不多，所以也很有优势吧？

**包子老师：** 是呢，所以接下来我拿一些同学们曾经写过的优秀作文，跟你分享分享吧！

# 62 读书感悟

疏雨滴梧桐，骤雨打荷叶。斟清茶一杯，我轻捧古书，一时，思绪万千，一时，感慨万千，那些记忆里的愁绪也渐渐蔓延开来……

## （一）

“岭外音书断，经冬复历春。近乡情更怯，不敢问来人。”捧起宋之问的《渡汉江》，我仿佛回到了那个春日即至、暖阳当空的日子。经冬历春后，空气中是乡愁在游走。但宋之问的一份“情更怯”与“不敢问”的情感的矛盾中，一丝苦闷攀上心间。微风轻拂过他的脸庞，路上赶路的他本挚爱着他的亲人，可是越走近故土，胆怯之情便油然而生。何必呢？何苦呢？只是因了生活的现实与宋之问思乡的矛盾。愈读，那份字里行间的忧愁便更能体会了。

宋之问的那份悲愁，于心中细细品咂。

## （二）

“落叶纷纷暮雨和，朱丝独抚自清歌。”秋雨潇潇，烟波渺渺，纷纷黄叶而下，在秋风中酝酿着孤独，鱼幼微便孤苦伶仃在萧瑟的冷风中抚琴高歌。“翠色连荒岸，烟姿入远楼。”曾何时，你的失落、悲伤涌上心头，然而却只能独自承受自己的处境和命运。曾何时，你渴望温馨的家庭，然而却无法改变现实。曾何时，你自认为有亘古不变的璀璨，能够散发光辉的睿智，然而今日只剩“萧萧风雨夜”中万籁俱寂与“惊梦复添愁”的悲情。

玄机的无奈与愁苦，我不语，因了悲伤得心中。

## （三）

“而今识尽愁滋味，欲说还休。”秋风轻轻推搡着树叶，国事渐颓。曾记否？他在迷茫彷徨的境遇中尝尽忧愁之滋味，一腔愁绪却无法排遣，而寄托于“天凉好个秋”的感慨中，轻快而婉约含蓄。“了却君王天下事，赢得生前身后名。”是他对追求功名与国家志向的倾诉；“江晚正愁余，山深闻鹧鸪。”饱含他细腻的思想感情；“气吞万里如虎”“千古兴亡多少事？”更豪放地散发出蕴藉深沉的爱国情思的光辉。

弃疾的命运多舛让人深思，自是托腮，思索。

一个人，一段愁。

**翱忑梅：**“读书类”的文章开头也是有方法的吧？

**包子老师：**基本是两种形式，要么直接总起全文并点题，要么用“环境描写”引出下文。清茶、阳光、清风、明月……用来引入是个不错的选择哦。接下来咱们看的文章是我的一个学生写的，我们一起来欣赏欣赏吧！

**翱忑梅：**根据我的数据分析，宋之问是一个大家既熟悉又不熟悉的人。熟悉是因为那一句“近乡情更怯，不敢问来人”，不熟悉是因为他的生平事迹很少人去了解呢！

**包子老师：**是哦，下次有机会你可以给全班同学普及普及宋之问的人生。我没记错的话他和杜甫的爷爷杜审言好像还认识。

**翱忑梅：**鱼玄机，又是一个大家不太熟悉却又应该去好好了解的人呢！

**包子老师：**是啊！这就又体现出素养的重要性啦！

**翱忑梅：**好多古诗词做排比啊！

**包子老师：**诗词排比虽然好，但不能滥用哈。不然就成了“掉书袋”了。

**翱忑梅：**全文围绕“愁”来写，但好像结尾升华还不够有力量呢！

**包子老师：**对哦！其实全文从“个人之愁”升华为“家国之愁”，这一点最好在结尾能明确地点出来。

# 63 回到那一刻

回到那一刻，我看到了命运的坎坷与灵魂的高尚。

（一）

“惟江上之清风与山间之明月，耳得之而为声，目遇之而成色，是造物者之无尽藏也。”那一刻，黄州赤壁，你看到了人生的豁达。清风徐徐吹来，水面静谧得像一个熟睡的孩子，一盈白月在远处的山边若隐若现。“桂棹兮兰桨，击空明兮溯流光。渺渺兮予怀，望美人兮天一方。”那歌声实在太美，那歌声也着实凄凉，而你，心中亦是这般沉静。“乌台诗案”的阴霾已渐渐散去，那些小人的讽刺、背叛，于你，已经不再重要。“左牵黄，右擎苍”的激情仍在，“转朱阁，低绮户”的思念仍在，只是这江上的清风与明月带给你几分豁然？几分成熟？几分睿智？那一刻的你，苏轼，是否真的“遗世而独立”呢？

（二）

“圣人之道，吾性自足，向之求理于事物者误也。”那一刻，贵州龙场，你悟出了心学的真谛。很多人不了解你，在这样的蛮荒之地，是怎样的修行让自己得到了升华？“知及之，仁不能守之，虽得之，必失之。”还记得祖父为你改名王守仁吗？还记得十七岁那年“格竹”的疯狂吗？你静静地躺在那个象征死亡与新生的“石棺”中，脑海中满是朱熹与陆九渊的争论与辩驳。那一刻，三十四岁的你，王阳明，逃过了刘瑾的追杀，听取了父亲的劝诫，孤身至此，你的人生在开始绽放别样的光彩。那一刻，会稽山中的花朵，是否依然“寂”于安然呢？

（三）

那一刻，你的手微微颤抖，在去峰山的茅屋中写下“难得糊涂”。五十九岁的你早已看遍了人世的沧桑，体味了人生的无常。当潍县水灾，你开仓赈灾时，难道是糊涂吗？当你写下“阑干苜蓿尝来少，琬琰诗篇捧去新”时，难道是糊涂吗？当你写下自嘲为“六分半”书时，难道是糊涂吗？不！那是“一枝一叶总关情”的情怀，那是“任尔东西南北风”的坚忍，那是“咬定青山不放松”的意志！也许，胤禧正是欣赏你的这份洒脱才屡次伸出援助之手；也许，后人正是欣赏你的这份不屈才留下对你的佳话。那一刻，郑板桥，你孕育出了最美的精神力量，你就是那“四时不谢之兰”，就是那“百节长青之竹”，就是那“万古不败之石”，就是那“千秋不变之人”！

那一刻，千古留香！

**翱忑梅：** 老师啊，这个句子写得好精致啊，这确定是你的学生写的吗？我怎么感觉是你写的啊？

**包子老师：** 额……好吧，本来想假装一下学生，被你识破了……

**翱忑梅：** 老师，我明白了，其实“读书文”不仅仅可以从“书”的角度切入，还可以从“人”的角度切入，其实“读书文”只是一个概念，意思就是把我们学过的人文素养用到作文里面，特别是经典名著和名人故事用到写作当中！

**包子老师：** 你说得非常对，这正是“读书文”的真正含义！

**翱忑梅：** 郑板桥？他不是有一幅很有名的书法作品叫作“难得糊涂”吗？

**包子老师：** 是啊，他不但文章了得，其实在书法和绘画上也很有成就哦，不过最让人动容的还是他为民请命的精神。

**西梅：**（很久不说话的西梅拼命地点着头……）

# 64 走进历史

“争渡，争渡，惊起一滩鸥鹭！”翻开历史的那一页，一位窈窕淑女走进了我的心间。

## 镜前，梳妆

天边露出了微光，像一只惺忪的眼，缓缓地睁开。疲乏的你揉搓纤细的双手，涔涔的汗渗透薄薄的青衣。门前的秋千随风飘荡，窗外的露珠透出花香。急促的脚步在耳边萦绕，伟岸的身影在心中回荡。穿好袜子，抽身就走，桌前的布鞋还未穿上，头上的金钗滑落下来。阁楼的脚步缓缓靠近，门前的青梅漫漫幽香。回首，嗅梅，清香漫上心扉。闭双眼，背倚门，到底是谁，让你含羞而对？

走进历史，“一面风情深有韵，半笺娇恨寄幽怀。月移花影约重来。”原来，你也是一个柔美的女子，追求着世间的纯美情感。

## 雾中，离殇

雨敲打着睡前的残酒，风忘却那春色的斑斓。树丫的绿生机勃勃，耳畔的风乍暖还寒。锦书已经不在，海棠是否依旧，有多少事情欲说还休。已经多久没有再拿起那把他最爱的琴，已经多久没有再弹过那首他最爱的曲。冰冷的雨敲碎曾经的梦，凄凉的风刺过窗边的你。又一次卷上珠帘，却怎么也等不到你心中远去的“武陵人”。眷恋一段情，空留梨花泪，到底是谁，留你徐徐憔悴？

走进历史，“凝眸处，从今又添，一段新愁。”原来，你也是一个忧愁的女子，经历过无数的背叛、抛弃。

## 山坡，眺望

天色渐昏，火笼云涛，热血漫上心头。曾经的你在深夜浅吟低唱，如今的你在山顶着风高亢。站在山头冲着远方大喊，无穷无尽的愁绪不再埋藏心间。登高处，凭栏眺，那靖康之耻你犹记心头。你不再像以前一样孑然，你不再像以前一样忧愁。你带着满怀的雄心壮志，你要去收复那旧日山河。带着捷报，走遍大江南北；这时的你，不再温柔沉醉。路漫漫，风休住，到底是什么，令你义愤填膺？

走进历史，“生当作人杰，死亦为鬼雄。”原来，你也是一个豪放的女子，拥有着独特的远大情怀。

翻开历史的那一页，李清照仍如此多愁善感，矜持端庄，她笔下流动的词，像涓涓溪水流进了我的生活，牵动着我的一颦一笑，影响着我的一言一行。

**翱忑梅：** 老师，其实我刚想说“读书文”不过如此，我刚想说我已经掌握了读书文的全部方法，没想到一看到这个文章就又被“打脸”了！

**包子老师：** 所以，学无止境哦！这个文章是把李清照的生平做了艺术化的处理，加入了更多的想象，和咱们前面学过的一篇范文《海棠未落》有共通之处。你可以翻出来看看，对比异同。

**翱忑梅：** 我发现，我对于“读书文”真的是爱不释手，我要学起来，用起来，奥利给！

**包子老师：** 嗯嗯，有信心特别好！咱要的就是这个气势！

**西梅：** 报告老师，我已经找到了之前的《海棠未落》，并且已经学完！

**翱忑梅：**（因为西梅的突然出现吓了一跳，脑回路故障一分钟）

**包子老师：** 好样的！

# 65 他们在，我在

八十年前，我穿越了大半个中国，在风雨飘摇中九死一生；八十年后，我回到了久违的故居，在金光熠熠中诉说着一段非凡的历史。我是故宫的文物，是千万兄弟中一个不太起眼的清代青花瓷瓶。经历了近代中国最动荡不安、战火纷飞的年代，本以为我会葬入土中、身首异处，然而，正因为他们在，我还在。

1933 年，山海关的枪炮声震动了整个北平城。他们——老故宫人，同样也是我们形影不离的守护者，做出了故宫文物南迁的决定。于是在一个肃杀而又静谧的冬夜，我被严严实实地裹上棉花和稻草，装入定制的木箱当中，就这样，我同 13427 箱又 64 包兄弟姐妹们一道踏上征途。终点是哪里，我不知道；命运何从，我更不知道。但有着身旁的守护人在，一切未知的危险似乎都消融在了他们细致入微的关怀温暖中。我知道，他们在，我定在。

1939 年，我们终于走到了重庆。本以为终于到了安身之所，可谁知又不得不向乐山紧急转移。外面车一辆又一辆疾驶而过，轰鸣着颤抖的土地，似乎都在奔向战场的方向，而那日军的轰炸机也宛若近在眼前，河水奔流而过的拍岸声更催促着我们必须在极短的丰水期结束前赶快逃离。仅雇到的 11 艘木船，仅有的几十个人手，要把千箱文物运走，这简直就是天方夜谭啊。我也随着那星夜不停的忙碌声而焦急紧张起来，一颗颗汗珠从我的身体中溢了出来，我是多么希望自己可以蹦到船舱当中啊，而如今却只能默默为自己、为他们祈祷。曙色微茫之际，在一众奔走的身影中，我看到了那个最爱与我聊天的朱学侃走向了船舱，他正拖着微偻的背、几天未眠的疲惫身躯去布置装运。可——可是，他为什么还在往前走？那舱盖已经打开了，再走便会坠入其中。一定是，一定是舱中太昏暗，老朱没有注意到。“老朱！老朱！”

“扑通！”

我用尽全身力气，疯狂大喊，可老朱并不能听到。他，掉下去了。几天后，重伤不治的他，长眠在了守护着我们的地方。我还在，而他却不在了。

今天，我穿越了历史，静静地立在故宫博物院的展览柜里，看向故宫守护世家第五代梁先生，他也是曾经陪我辗转各地的守护人之一。他也正望向我，眸子清澈、温柔，却也深邃，看不透他正在想些什么，只听得他口中默念道：“文物有灵。”

是啊，文物有灵。我和我众多的兄弟们正以最耀眼的姿态、最挺拔的身姿，展示给世人。中华民族绚烂的文明，也同样用这种特别的方式，感激着那一代代守护者的无悔付出。他们守护的不仅是我，更是中华文脉。

耳边又响起了埋葬老朱时唱的那首《故宫守护队队歌》，“亿万斯品，罗列靡遗。谁其守之，惟吾队士；谁其护之，惟吾队士！”是啊，其心拳拳，其心昭昭，有他们在，就有我们在。

**翱忑梅：**（脑回路修复完成，快速搜索资料中）老师啊，我搜索到了这个故事。原来，故宫文物曾经经历过一次大“迁徙”。

**包子老师：**是啊，当战乱来临的时候，人们为了保护文物免受战火的破坏，将它们进行了转移，绕了大半个中国哦！当战争结束的时候，文物安然无恙，太令人动容了！此文就是根据这一历史事实，以“文物”的口吻来写作的。

**翱忑梅：**老师，我又学到了一招——拟人法。用第一人称，以某物的口吻来叙述。

**包子老师：**这是个很好用的写作方法哦，尤其是在征文比赛中。

**翱忑梅：**有人为了守护文物而牺牲了……

**西梅、包子老师：**（泪奔）

**翱忑梅、西梅、包子老师：**（泪奔……）

自由笔记区

# 前进，前进

# 66 爱的背影

母爱不需要太多言语，得到它的人却已心领神会。

那个背影，那年清晨——

“抱紧妈妈，一会儿要转弯咯！”还记得小时候妈妈用自行车送我上学的情景。坐在后座的我觉得妈妈是那样高大。那时的我，总是喜欢把脸紧紧地贴在妈妈身上，然后跟妈妈描述着昨夜或恐怖或美好的梦。清晨的风带着几丝凉意，而我却感到无比温暖。那个背影，高大、伟岸……

那个背影，那个黄昏——

“妈，我回来了。”“嗯，饭马上就好！”夕阳把落日的余晖洒进小窗，也洒在了那个忙碌的背影上。每天傍晚，这个背影总是在厨房专注地准备着晚餐，日复一日，年复一年，那饭菜的可口味道从未改变，而那挺直的脊背却越来越弯。有谁知道，这一汤一饭之中，浸透着多少浓浓的爱？我转过身，鼻尖上只留下了一点冰凉的酸……

那个背影，那日深夜——

窗外那一轮皎洁的明月已升到了最高点，黑暗占据了整个城市，屋脊的轮廓已不再清晰，但我依然在橙黄的灯光下“战斗”着。一杯热气腾腾的牛奶被轻轻地放到了桌子上，一抬头，那是妈妈。“早点睡吧，把这杯牛奶喝了，暖胃。”说罢，妈妈轻轻地走出了房间，只留给我一个疲惫而美丽的背影……

那个背影，承载着多少岁月的洗礼，诠释着多少深深的爱意，凝聚着多少无悔的付出。突然想起了朱自清的名篇《背影》，原来，这背影已成为一种象征，让我们明白这就是爱的力量。

后记：“谁言寸草心，报得三春晖。”生活中，有太多太多爱的瞬间值得我们去发现和回味，也许是一个微笑，也许是一句鼓励，甚至是一句“谎言”。而我们，需要用心去体会，用一生去报答。

**翱忑梅：**这是不是从朱自清的《背影》中得到的灵感啊！

**包子老师：**嘿嘿！看来不难发现。不过啊，这个情景有一点点年代感了，现在用自行车送孩子上学的情景应该不多见了吧？

**西梅：**昨天我妈就是这么送我上学的！

**翱忑梅：**老师，我开始思念 M79 星球了……我有点想回家看看我妈妈……

**包子老师：**嗯嗯，很快这学期就结束了，到时候带点地球的礼物给妈妈哦！

**翱忑梅：**一杯牛奶，一句话，满满的感动呢！

**包子老师：**其实，这就是“亲情类”作文最经典的写法。用三个“爱的瞬间”去感动读者！

**翱忑梅：**老师，亲情类作文好像很好写，但也似乎不好写。

**包子老师：**怎么说？

**翱忑梅：**好写是因为这些故事都发生在我们身边，不像“读书文”那样需要积累很多文学素养，但难写是因为这些事情看起来太平淡、太普通了，如果没有好的文笔就很容易把故事写得像“白开水”。

**包子老师：**你说得对呢！所以，亲情类的文章是很考验文笔的！这又是好作文的另一个维度了呢！

# 67 走在鱼的思想里

水边，他，头戴青色蒲帽，几缕银丝在清冷的空气中微荡。

水里，我，一只平凡而不平凡的鱼，思想里满是他。

我是鲦，一只自由自在的河中之鱼。鳞片在阳光下忽闪，鱼尾在水里摆动，游弋在这清波里。这只是我每日正常的出行，却忽而听见桥上之人讨论我的快乐与否。我见他与朋友打趣儿，看他嘴角上扬应是欢乐无疑了。边上的人同戴草帽，却眉头微皱，有些哑然。我停下来，望着濠梁之上的两个人。我也开始思考：他非我，安知我之乐？我也非他，安知他之思？知或不知，依然不重要，智或不智，才真正重要呢。

我是鲋。身处干涸的车辙中，泥土凝在我的皮肤上，我动弹不得，而烈日使我的境遇雪上加霜。我渴望一捧清泉，一捧清泉的甘甜，来缓我燃眉之急。我用嘶哑的喉咙向路人乞求，得到的却是引遥远的西江水来接济。而眼前，他的境遇竟和我一样。我们相视一笑，是苦笑。是啊，远水岂能解近渴？我怒而不解，眼里的光芒逐渐消失。为什么人们不明白，施惠于人，也是施惠于己，诚意助人，绝不能空谈？哎！望世人擦亮双眼，不要成为像我这样的涸辙之鲋！

我是鲲，也是鹏。我徙南冥水击三千里，抟扶摇而上九万里。我背若千里之山，翼若垂天之云。绝云霓，负苍天，翱翔乎杳冥之上。我渴望逍遥自在，奔向高空与远方。我从不理会蜩与学鸠的嗤笑，有时候我不被世人所理解，但我目光坚定，眼里是那九万里之上的远方。凭着六月的风，我终将实现自己的理想，南冥也好，北海也罢，只要心到达的地方，其实都不是远方，而在脚下！苍苍之中，我又看到了那个人——

他，仍顶一青色蒲草帽，他叫庄子。

我，是那条鱼，走在我的思想里，也走在他的思想里。

而你，是否也愿意成为一条像我一样的鱼呢？

**翱忑梅：** 他是谁?

**包子老师：** 接着往下看就知道咯！

**翱忑梅：** 他是庄子！对，这个故事就是“濠梁之辩”啊！

**包子老师：** 你很敏锐哦！对典故进行改写，也是一种很好的写作方式哦！

**翱忑梅：** 这是“涸辙之鲋”！还是写鱼！包子老师，你找的素材真厉害！

**包子老师：** 要多读书，读书多了就会有很多很多的启发哦！

**翱忑梅：** 这是来自庄子的《逍遥游》。我发现了，这个“读书文”是融合了上一节读书文“之长”，用了三个相互呼应的小故事，又用了第一人称的写法，哈！

**包子老师：** 嗯嗯！这就叫作融会贯通。我也特别想提醒一下，写“读书文”既要大胆又要谨慎。大胆的意思是可以放开了写，尽情地写。谨慎的意思是要特别注意改编的尺度，拿捏好了就是王道。

**翱忑梅：** 西梅，你在干吗?

**西梅：**（疯狂地搜索资料“濠梁之辩”“涸辙之鲋”和庄子的《逍遥游》）

**包子老师：**（欣慰地点着头）

# 68 就这样我爱上了它

我和诗，有一段故事。

读王维的《使至塞上》时年龄还小，想象不来“大漠孤烟”的苍茫，也不懂得“长河落日”是壮丽。母亲说这是一幅很美很美的风景画，要我好好背，说背熟了就知道意思了。我虽将诗句背得滚瓜烂熟，其意义依然不懂。什么孤烟、落日、白草这些大漠风物也只是朦胧，而家国悲壮则更模糊了。

“为什么我要天天背诗？我不学了！”这样的质问与反驳发生在几年前，我把诗高高地举起，重重地摔下，仿佛摔掉一个沉重的包袱。渐渐长大，“会背诗”并不像儿时那样是一种“炫耀的资本”，在没有鲜花、没有掌声的日子里，“诗”成了一种负担。那些“萧萧班马鸣”，那些“黄鹂鸣翠柳”，在一夜间都变成了不堪的聒噪。

直到——

那夜月光皎洁，细细地织在窗前。百无聊赖的我偶然间又拿起久违的诗文，随手翻看。“明月随良掾，春潮夜夜深”，“暮云收尽溢清寒，银汉无声转玉盘”，这平平仄仄间游走的不正是头顶那清丽洁白的月吗？原来，诗中竟有这样的美景！

读诗。一句“曾经沧海难为水，除却巫山不是云”是多少深情的留恋；一句“人生若只如初见，何事秋风悲画扇”是多少无奈的叹息。“二十四桥明月夜”隐隐可见曾经的繁华，“巴山楚水凄凉地”细细诉说人事的坎坷。

品诗。“白日依山尽”于简单的文字中透出季凌的智慧；“落霞与孤鹜齐飞”于华丽的描摹中浸染子安的才情；“渭城朝雨浥轻尘”于清新的表达中寄寓摩诘的天赋。

写诗。先是“春雾绿起眼朦胧，野望无舟相思浓，锦瑟难解心中事，岁月不待罗绮红”，却发现并不符合平仄要求，于是苦思冥想，终于写出“春雾绿起泪朦胧，野望无楫恨意浓。寸草还说心上事，归来岂是旧时容”。内容虽然生涩，情感亦不够饱满，却是最难忘的一次尝试。

就这样，我爱上了它，因了它的雄浑，因了它的优雅，因了它的深厚，因了它的博大……

**翱忑梅：**妙哉！把以前学过的“读书文”和“亲情文”进行了融合诶！

**包子老师：**这不是第一次出现哦，咱们之前讲过“爱”与“诗”的文章哦，快找一找吧！

**翱忑梅：**好久不见这个“独词成段”的方法了。

**包子老师：**哈哈，好方法可以反复用。还记得我说过吧，学习是一个反复的过程，是一个“螺旋上升”的过程哦！

**翱忑梅：**这一段的情节我猜到了！但我好奇的是，旧思想这么快转变了，后面怎么继续写啊？这一段好像是故事的结束诶！

**包子老师：**往下看吧！

**翱忑梅：**“读诗”“品诗”“写诗”这三个部分，啊，啊，啊，这是什么神操作！

**包子老师：**其实也不意外啊，因为咱们以前写“读书文”的时候不也是分“三个部分”来展开的吗？

**西梅、翱忑梅：**（一齐恍然大悟）

**翱忑梅：**真没白来地球，学到好多写作方法，我要回去告诉 M79 星球的小伙伴们。

**包子老师：**（脸上浮漾起一丝浅绛）

# 69 朱槿花

第一次见到“朱槿花”，是在林清玄的《清欢》里。

文中，林清玄没有用华丽的文字对它做一番描摹，只说是长在圆通寺的山下，又只淡淡地补了一句“吸着花朵底部的花露，感觉清香胜蜜，心里遂有一种只有春天才会有的欢愉”。从那时起便时常想象，那该是怎样的一种花呢？朱槿，多美的一个名字啊！

翻过图册，问过朋友，访过公园，却始终没有真正看到过朱槿。

又听说红螺寺前有朱槿花！便央求着父亲带我前去。他起初犹疑，见我执着只好应允。一路颠簸，一路畅想：到底是怎样的花色？怎样的清香？是否如张晓风笔下的那一株红莲，“半红未红，待香未香”？

车到寺前。

快步下车，四处寻找。寺前阳光温煦，香客不断，脸上皆是虔诚。在远处的石阶旁，我终于看到了一片朱红！快步迎上前，拿出相机，欲将此景定格。可近前才发现那不是朱槿！它有朱槿一样的颜色，却没有朱槿一样的形状，更没有朱槿一样的气韵！我仍不甘心，随后寻遍整个寺院，却仍不见朱槿。我想，难道是我不够虔诚？不然为何迟迟不与我相见？

几年过去，仍未见朱槿。而那两个字却似乎在我心里发了酵，愈发地让我牵念起来。

出发，继续寻找！

走过诗意朦胧的江南雨巷，不见它的踪影；走过雄奇瑰丽的云贵高原，不见它的踪影；走过精巧别致的园林，仍不见它的踪影……朱槿不应该生活在一个精致的角落吗？！

直到与朱槿花相遇——

那是每日必经的路，许是自小走过无数遍的缘故，常无心于两旁的旧景。那日，瞥见路边的旧花坛里倏然探出一方艳红，初不经意，等定睛细看方才恍然——那，那是我寻找已久的朱槿花！哈，老天似乎跟我开了一个小小的玩笑，绕了一圈，朱槿花就在此地！然而我又惊疑：为何它选择在这样平凡的角落生长、开花？如果它能选择，还会甘于如此一隅吗？或者，是我们芸芸众生常常强加过多的意义于普通的自然物上？那时的我，虽找到了朱槿花，却有了更多的不解。

后来，渐渐长大，读书多了，经历稍稍丰富了，才慢慢明白林清玄的用意。其实，对于一朵花，在哪里生长并不重要，因为花不在心外，而在心内。同样，对于一个人，如果蝇营追逐于某种美好，反而常不可得。相反，最美好的景致也许就在粗茶淡饭之间。

“每叹芳菲四时厌，不知开落有春风。”细品李绅《朱槿花》中的这一句，极好。是啊，花也好，人也好，倘若常有春风，又怎会怕人间芳菲尽呢？

**翱忑梅：**老师，我也有过这样的经历。有一次我在 M79 星球读书，看到有一种神奇的“奥力蘑”花，我就很想看看呢！

**包子老师：**嗯嗯！由“书中之花”写到“现实之花”，是个好思路哦！

**翱忑梅：**我以为会找到花呢，看来我小看了“找花”的难度！

**包子老师：**你注意里面的“半红未红，待香未香”，这是出自著名散文家张晓风的《雨荷》哦！我强烈建议你去读一读，文章很短，但是写得特别好！

**翱忑梅：**疑惑重重，何解？

**包子老师：**请看下文分解！

**翱忑梅：**懂了！让一朵花开进心房，花不在心外而在心内。其实，只要保有一份希望与爱，花在哪里并不重要！

**包子老师：**嗯嗯！说得很对！

**翱忑梅：**“倘若常有春风，又怎会怕人间芳菲尽”这句话好像也是来自《雨荷》吧！

**包子老师：**没有照抄，是化用哦！

# 70 康桥夫子

梳着油头，洋装、洋眼镜、洋手杖，浑身透着“新青年”的光——这是徐志摩。

整齐的戏装，发亮的皮鞋，小眼睛里闪动着知识的光，白净的脸上带着诗意——这是“康桥夫子”。

“康桥夫子”是我给语文老师起的外号，源于一堂课。“轻轻地，我走了，正如我轻轻地来。”当他读到此处的时候，他突然看向远方，似乎眼神与千里之外的康河交汇，也把我们的思绪带进了那个离别的黄昏。他让我们闭上眼睛想象那个世界。正当整个班都安静的时候，他悄悄打开音响，《再别康桥》的提琴声响起，妙哉！在音乐中，我看到了那河畔的金柳，看到了那康河里彩虹似的梦。

他像徐志摩一样浪漫，也像徐志摩一样“任性”。他毕业于名校，也曾留学海外，却回到了我们这个小城镇来教书。他说，学习的目的是帮助生活摆脱平庸。他喜欢这个小城市的一山一水、一桥一路，他也喜欢跟我们讲外面世界的或喜或悲、或颦或笑。

“康桥夫子”也有任性不起来、浪漫不起来的时候。

那日晚自习，月光甩下洁白的水袖，滑进教室，收在了同学们奋笔疾书的“刷刷”声中。他突然闯进教室，涨红着脸，当着全班的面批评了一个同学。随即，他发现这只是一个误解。那一刻，全班的空气都凝固了，他的神色也凝固了。我看到他微微蹙起了眉头，鼻翼翕动着，神情突然有些黯淡。窗外，月亮收起了光华，黯淡的夜色也重新晕开来。终于，他放下教案，走到那位同学的面前，他把身体弓成了九十度，他说了一声——对不起！声音不大，却很真诚，打破了教室的安静。那个同学怔住了，我们也怔住了。随机，教室里爆发了掌声。而他，在一边，先是讪讪地，后是傻傻地笑了。月光又洒下来，牵住了他的衣襟，也把我们又一次紧紧地牵在了一起。

轻轻地，你来了，康桥夫子，我们愿做你柔波里的一条水草！

**翱忑梅：**诶？这样子的开头哪里见过？

**包子老师：**好好想想……

**西梅：**（在一旁偷笑）

**翱忑梅：**好“文艺”的“康桥夫子”啊！我怎么觉得有点像包子老师呢？这文章不会是以你自己为原型写的吧？啊啊，有点小小的“自恋”哦！

**包子老师：**（脸上荡漾着一抹浅绛……）

**翱忑梅：**唔！

**包子老师：**以自己为原型，但不一模一样呵……

**翱忑梅：**老师经常会误解学生吗？

**包子老师：**偶尔也会，人无完人啊，所以大家在遇到老师对你有误解的时候，可以跟老师冷静地解释清楚哦，相信老师会理解你的，千万不要跟老师对着干哦！

**翱忑梅：**“柔波里的一条水草”出自徐志摩的《再别康桥》。不过，老师啊，这也写得太肉麻了吧！

**包子老师：**……

**西梅同学：**（在一边偷笑）

自由笔记区

# 翱忑梅带着“茶”离开了

- 濠梁水
- 春江花月夜
- 茶道
- 茶缘
- 品茶

# 71 濠梁水

“濠梁？”

“那就是濠梁！”

终于找到了。顺着手指，我望见了濠河。濠梁到底在哪里，尽管学界还存在争议，但我还是相信，面前的这条河，就是当年庄子和惠子辩论的地方。

河面并不宽阔，两边修了护栏，还有可供游人行走的小道。有一个台子稍稍延伸向水面，莫非是观鱼台？像濠河这样的河，不辽阔、不壮观，没有性格，在中国的大地上多如牛毛，但唯一不同的是它搭上了庄子故事，这水就不是普通的水了。放眼中国文化乃至世界文化，但凡著名的山水，都有美丽的传说。正应了刘禹锡的那句“山不在高，有仙则名”，奇山秀水屡见不鲜，奇人秀思可就凤毛麟角了。所以，我们要感恩庄子，感恩古人的智慧给华夏的山水染上了层层绮丽。“子非鱼，安知鱼之乐？”一阵暖风带着那个声音滑过脸颊，像极了时光的熨斗，熨平了心灵的褶皱。

“几年前，这里可是一条臭水沟啊！”耳边有人在议论，听口音是当地人。臭水沟？我不禁好奇：不说发展成著名风景区吧，至少这里不应该曾是臭水沟啊？身旁的人见我举着相机，便知我是个游客，于是向着我说：“凤阳是有名的‘石英之乡’，以前当地人在濠河上游大肆开采石英，无度排放尾泥尾砂，造成河道淤积，对河流生态环境造成极大破坏。”我惊讶地张大了嘴巴——原来“濠河”还有这样的一段“黑历史”！看来，光有文化故事还是不行，没有了绿水青山，再多的故事也是枉然。自然山水历尽千年，如果因为当代的我们疏于保护而消失，那才是真正的遗憾。没有山水的依托，再好的故事，也不是真正的中国故事。

面前的水似乎比初见时更清澈了。隐隐地，我又听到了那个声音：子非我，安知我不知鱼之乐！愿这份清澈不仅长流在濠河中，更长留我们每个人的心中。

“濠梁？”

“这才是濠梁！”

**翱忑梅：**濠梁之辩！幸好我有积累。这不会是又要写庄子吧？

**包子老师：**不是哦，嘿嘿！

**翱忑梅：**我感觉这里不是在写景，而是一直在表达自己的感悟。

**包子老师：**是的，这一段以“议论”为主，写出了濠梁之水的文化意蕴。

**翱忑梅：**“光有文化故事还是不行，没有了绿水青山，再多的故事也是枉然”，这句话说得好，绿水青山才是金山银山呢！

**包子老师：**没有想到濠梁还有这样一段“黑历史”吧！其实，这样的“黑历史”还存在于很多的中国名胜中。不过，随着人们环保意识的提高，现在很多地方的生态都在逐渐改善呢！

**翱忑梅：**包子老师，我发现你有一个“绝招”——呼应。你总是能在结尾的时候巧妙地和开头呼应上呢！

**包子老师：**嘿嘿，希望这么多篇范文的讲解能让大家对呼应有更深的理解。当然，写作光靠呼应还不够，还需要有合理的结构框架，有合适的语言表达，有积极的中心立意……

**西梅同学：**包子老师，你不用说啦，这些我早就记到笔记本上，也早就铭记于心啦！

**包子老师：**（开心的脸上又多了一个褶儿）

# 72 春江花月夜

远方，月有声，是飘逸银色的琴弦，弹拨游子醉酒的孤寂。

江楼独凭栏，听钟鼓声传。少年歌者在徘徊、在咏叹！天籁如梦，琴声悠悠，月夜春江，风拂涟漪，卷起如梦如烟的往事。他在吟诵人生，他在寻觅天地神谕：江畔何人初见月，江月何年初照人。乐声又起，透了一江春水，透了他一身。月照花影，水深云际，清晰地托起一幅隽永的画卷。看斜月西沉，那份离愁，挂在了月的两端。

此处，夜有声，是如歌的散板，静静绽放于林间，缱绻闺中的一份惆怅。

春风，动了月色，却绊住了远方。春天的夜晚，严闭的记忆，被一串琶音轻轻撞击，开始在夜色中弥漫。与一群音符相拥抱，无声的泪水，濡湿一阕古老的歌谣。古乐在静谧的江面上回荡。月光在夜空中轻轻摇曳，袅袅娜娜，春江的潮水，散溢那幽幽月影，水天共长，一望无际。梳妆台上，玉户帘中，思念都收在了夜的叹息里。

春江啊，春江，去吧！东流不止，毕竟远去，怅惘的人，早生华发。春江花朝秋月夜，笑谈几多红尘事，杨柳岸上，曾演绎着多少晓风残月的缠绵？帆影已远，渔火已逝，谁在河流的彼岸，牵动秋水明眸的深情？

春江啊，春江，归否？披着一身露水的小舟，从黑夜中漂来，如迁徙的鸟，在季节的旅程里奔波。那个伫立的背影，望落了月亮和星辰，唯留下一江春水的碧波，涌动起心中淡淡的乡愁。一叶孤帆悬挂在寂寞的窗口，向着天空摇动无声手语，谁能破译？

年年岁岁花相似，岁岁年年人不同。在时间与空间的坐标里，谁又能真正看破？人生代代无穷已，江月年年只相似。在物质与精神的博弈中，谁又能真正超脱？爱恋也好，愁思也罢，无非是那花开花落、月圆月缺，是洪荒与无涯里的那一刹那。

月，任它圆缺去吧；花，任它开落去吧。江的尽头是海，夜的尽头是光！

**翱忑梅：**这部分写的是“远方”，写的是“游子”，是少年歌者的悲伤与思念。

**包子老师：**嗯嗯，这是一篇我学生扩写《春江花月夜》的习作哦！语言表达不可谓不精致哦！这篇文章最难的就是理清楚“结构”。

**翱忑梅：**这部分写的是“此处”，写的是“闺阁”，是少女的一份牵挂与惆怅。

**包子老师：**很棒，成功地理清楚了写作思路！

**翱忑梅：**“去吧”和“归否”形成呼应关系，让两段抒情显得有条理了！

**包子老师：**其实，写景抒情文是很多同学喜欢尝试的，在此类文章中，最重要的就是“理清思路”，就是所谓的“结构”。千万不能糊里糊涂地写了一长篇抒情文却让读者感到不知所云。

**翱忑梅：**这个文章就属于思路“特别清晰”的那种吧？

**包子老师：**嗯嗯！另外，写景抒情散文为了避免空洞，最好能融入哲理哦！

# 73 茶道

不曾想，考试失利。

我颓然瘫坐在椅子上对着不知翻了多少遍的期中试卷发呆。我在学习上也未有偷懒，而这个成绩却着实令我心痛。心中有一丝迷惘，一丝无所适从，一丝怅然若失。似晏殊笔下“昨夜西风凋碧树，独上高楼，望尽天涯路”。

一杯清茶被端入了我的房间。“儿子，喝点茶，休息会儿。”“谢谢爸爸。”我看着父亲，缓缓端起茶杯，几片茶叶在杯中打转。呷上一口，茶水好似没有特殊的滋味，但几乎那时，一股茶的淡淡香气在口中蔓延开来，富于变化的香气美妙无比。一口咽下，却又感觉像最初入口一样，淡淡。

顿时想到那多少个认真复习的夜晚。书一卷，灯一盏，清茶一杯，满室皆茶香与墨香。柔和的灯光下，我持笔一支，一丝不苟地在书页上圈圈点点，一遍又一遍地认真背诵、记忆、理解，我深深地体会着学习的酸甜苦辣，如体验那变化万千的茶味一样。

学习的乐趣，正是如此。

我在书页上一行行的优美文字间寻找学习的乐趣，在一个小小的茶杯中寻找心中久违的亲切与宁静。忽然觉得再也没有任何奢求了。曾经，我学习只为了名次与分数，夸奖与赞美，却全然忘记了学习的乐趣，像台冷冰冰的机器。

是茶，一杯普通的清茶使我再无疑虑，心中释然。

一路迤逦而来，多少旖旎风景。回想起我爱学习爱读书，从仅仅为了获得知识的快乐到如今争名争分，忽然哑然失笑。再回想起那多少个认真温习的夜晚，也觉得并没有什么值得遗憾、值得叹息的地方了。

茶之味变化万千，却总归是朴素的。很多时候，我们奢求的太多，往往不会去注意沿途的美丽景致，而到达了目的地时却会觉得怅然若失。

也许没有什么绝对的目的地，沿途即是目的地，行走即是到达。

茶是道，学习又何尝不是呢？

**翱忑梅：**好多的写作方法！

**包子老师：**这是我学生的一篇习作哦。回忆回忆，它融入了多少我们讲过的方法呢？

**翱忑梅：**让我想到了母爱的“一杯牛奶”，但似乎又不一样。

**包子老师：**嗯嗯，往下看就知道了！

**翱忑梅：**茶？我还没有喝过地球上的茶呢！待我先去泡一杯吧！

**包子老师：**（无语中）

**西梅：**老师，通过一杯清茶来引出我的点滴感悟，似乎是一个很不错的素材啊！

**翱忑梅：**老师，你说地球的孩子们每天为了“分数”而拼搏，到底是幸还是不幸呢？

**包子老师：**如果只是为了分数而学，当然是“悲哀的”，但如果一直努力提升自己的素养，一直热爱学习，我相信好的分数是自然而然的事情呀！所以，真正要担心的不是“分数”，而是“分数”背后的“学习状态”。

**翱忑梅：**既要有目标，又不能仅仅为了目标；既要追求好的结果，更要注重过程中的脚踏实地。是这样吗，老师？

**包子老师：**嗯嗯嗯嗯！

# 74 茶缘

清净竹林馆——

“茶道忌浮躁，要求心无旁骛。‘凤凰三点头’，要善于控制手腕的力道，最后才会看到每碗茶汤完全一致。”静坐竹林石桌旁，聆听高山流水的细腻，沉思茶道老师的“教诲”，我百思不得其解，为什么跟师傅的动作完全一样，可我泡出的茶汤颜色总是深浅不一？

回想初次迈进这竹林，我便被师傅泡茶时的优雅姿态和独特气质所吸引，于是下定决心学习茶道，却不曾想是“知之非难，行之不易”。

家中小亭旁——

静观远处夕阳西沉，周身弥漫着淡淡茶香。茶则、茶擂、茶盅、茶杯……静静地摆放在石几上，飘香的龙井散发着冷峻而清净的气息。屏息凝神，翻开陆羽的《茶经》，我仿佛看到了千百年前的陆羽在清晨的茶园俯身采集新鲜的茶蕊，听见了开水冲击娇嫩茶叶的泠泠水声，嗅到了茶香满园。闭目沉思，清香的茶叶在脑海跳动，那一套泡茶的动作，仿佛被赋予了生命，那样生机勃勃却又怡然自得。“要善于控制手腕的力道”是老师一直强调的完成“凤凰三点头”的精髓，回想老师泡茶时轻盈优雅的身影，一幕幕如电影般在脑海闪现。睁眼，再看看眼前的瓷质茶具，我仿佛看到了片片茶叶在水中起舞飘荡的曼妙身姿。

轻轻呼出一口气，我拾起茶匙，将嫩绿的茶叶轻轻放置于杯内。高提水壶，让水直泻而下，接着利用手腕的力量，上下提拉注水，反复三次，让茶叶在水中翻动。阵阵清风拂面，一套完美的凤凰三点头完成了……

轻抿一口自己的作品，感受清香的茶水缓缓流入口中，享受味蕾的冲击，我不由得会心一笑。内心经历的那场渺无声音的战争，终于止于安静，止于美好。众人只知凤凰三点头是对客人表示敬意。而我却在“凤凰”的每一次点头时，看到了扑入茶杯时的果决和勇敢。想要每碗茶汤完全一致，泡茶时水壶中的水必如涅槃之凤凰，在扑入茶杯时毫不犹豫，果决勇敢。做人亦是如此，不能一味地活在自己的小世界中犹豫不决、轻言放弃，更应该像凤凰一般，果决勇敢，不顾一切地奔向自己的目标。

就这样，我与茶道结下了不解情缘。

**翱忑梅：**这也是包子老师的学生写的文章吗?

**包子老师：**是的哦，用了“茶”的素材和“梦想类”的结构。还记得“梦想类”作文的结构吗?

**西梅同学：**老师，我记得！遇见困难——克服困难——获得成长！

**翱忑梅：**（被西梅抢话，有点尴尬）

**翱忑梅：**此文好“仙儿”啊！感觉看到了一个古风少年呢！

**包子老师：**对了，翱忑梅，你不是要回 M79 星球吗？可以给你的妈妈带一罐中国的茶叶哦！她一定会喜欢的！

**翱忑梅：**看来我也得有空学一学茶道了。回去给我的妈妈也泡一杯清茶！

**包子老师：**嗯嗯！中国的茶里有很多文化，它既有儒家的精诚，又有道家的逍遥，还有佛家的慈悲，如果能好好学习中国的茶文化，以后写作会有很多的灵感哦！

**翱忑梅：**非常感谢包子老师！我谨记！

# 75 品茶

第一杯茶，是父亲递到我面前的。我初酌一口，涩涩的苦味中丝毫品不出一点茶香。

茶水味道苦涩，大家为什么还这么喜欢喝茶？伴着疑问，我查找了一些关于茶的历史文化。有人说：“茶如人生，第一道茶苦如生命，第二道茶香如爱情，第三道茶淡如清风。”一杯清茶，三味一生。我暗自琢磨，不知如何才能从茶与水的交融中感受、品味到它的细腻、幽香和醇厚。父亲说：“上善若水，厚德载物，如饮禅洱。随心、随性，简单真实最重要。”他的言语好似一盏明灯，渐渐拨开我心中的迷雾，仿佛有了一些认知。

我有样学样，请父亲也为我找来一套简单的茶具，自己闲暇时也学着父亲的样子泡茶。泡茶时，我尽力放空思绪，嗅着干茶的清香，将干茶置入茶壶，冲沏、翻腾、踊跃，随后便是扑鼻而来的清香。随后我将茶水倒入茶杯，一只手慢慢托起茶杯，一颗心慢慢沉静下来。嗅着茶香，轻轻吹拂，第一小口，仍是苦中带涩，第二小口，思绪的放空，再饮入一口，使茶水在口中停留，细细品尝，茶香便久久徜徉在口中，留下满满的甘甜。多次实践后，我终于能品到茶香了，亦能稍稍感受内心如茶一样纯粹、简单。

父亲总说：品茶，知苦、知涩、知香、知甜，方能洗心涤性。作为从零开始的初学者，当然悟性不足洗心涤性，可父亲那一席话驱使我迈向新的认知。与其说是品茶，不如说是我心智的成长与成熟。把盏一杯香茗，任丝丝幽香冲淡浮尘，沉淀思绪，体会人生。让其香润泽心灵，让其味超尘脱俗。品茶亦是品谈人生。鲁迅先生说：有好茶喝，会喝好茶是清福。

有时我想，生活和茶一样，最好不要滴滴香醇，否则反倒无味了。有苦才有甘，有清才有醇，也许这是茶的艺术，也是生活的艺术吧。

**翱忑梅：**终于有一篇写爸爸的作文了……

**包子老师：**哈哈哈，感觉有点对不起爸爸……

**翱忑梅：**好像有种说法，茶只能“三品”，一品苦，二品醇，三品清。品多了，茶就是去了意蕴。

**包子老师：**说得很对哦！茶如人生，要把握好“度”。

**翱忑梅：**老师，我觉得临别之时您跟我讲这个文章，有点深意啊！

**包子老师：**嗯啊！希望你能带着一份对茶的感悟，回到 M79 星球，在未来人生路上，活得清、静、醇、明！

（就这样，翱忑梅结束了一段快乐的地球之旅。虽然有些不舍，但包子老师和西梅同学还是目送了他渐渐远去。人生，就是如此，一次次相聚又一次次分别。每当我们遥望星空，我们都会记得，有一颗叫作 M79 的星，那里住着我们曾经的朋友——翱忑梅。而且，我们也相信，翱忑梅不会忘记他在地球的点点滴滴。有一天，他一定会带着最美的光回到地球，来看望他曾经的朋友和那个叫作包子的老师）

自由笔记区

看着翱忑梅消失在天际，西梅和包子老师的眼眶都湿润了……

“包子老师！”身后传来一个爽朗而略带泼辣的声音。

原来是冬梅！冬梅出院了！（话说冬梅发烧烧了好久啊……）

冬梅的出现给大家又带来了快乐！

“嗖——”一道光出现在眼前。

好像是从 M79 星球发来的一个电子文档。（话说翱忑梅这么快就到家了吗？）

大家小心翼翼地打开电子文档，发现里面有这样一段话——

敬爱的包子老师，您好！我是翱忑梅，我已经安全到家，顺便还打了一个小怪兽。听完您的作文课我深受启发。我觉得，地球的同学们一定需要一份整理好的好词好句资料，于是我就火速帮助大家整理了一份。从第一篇到最后一篇，我已经详细地摘录了所有我认为值得大家反复学习的好词好句。

看到眼前的资料，大家激动得无以言表……

# 翱忑梅留给大家的礼物

尾声

也许

我们更需要问题而非答案

或者

问题背后

潜伏着众多答案

又或许

问题本身

就是一种答案

原来

问与答

是哲学的偏旁

## 环境描写类好词好句

微风拂熙，旭日临窗

——《让初心回家》

望向窗外，落日的余晖褪出了晚霞的最后一抹酡红。

——《让初心回家》

温煦的光从小灯下溢出，幽微地，皴在旧墙上。我知道，指尖的艺术就要在这昏黄里晕开了。

——《自己决定》

圹埌的高原无尽地伸向天地交汇处，像一首诗，唱响在蒙古高原，似乎有尽头又似乎没有尽头，还像一阵鼓，敲进了我的心扉，似乎无声却又似有声。

——《游莫尼山》

画面中，细长而弯曲的胡同消失在暮色中，胡同口是一只白猫，眯缝着眼，蹲在矮墙上，它的身旁是一株稀稀疏疏的海棠，在黄昏中显出别样的风姿。

——《以梦为马》

画面上，胡同安静地躺在画面的黄金分割处，天际的最后一道光恰好打在胡同的旧砖墙上，氤氲出古朴的味道。

——《以梦为马》

近前，仔细看它的品貌，确有几分诗意：品红色的花点在羽毛状的藤叶上，宛似大自然折叠的五星。晨霭中，它的叶片会托起柔莹的露水，映出千百个天空；如果赶上暮雨，雨水就在鲜红的花色上跳跃，奏响黄昏的马林巴。那一刻，这茑萝便在窗外定格成了一幅动态水彩，也开在了我的心湖之畔。

——《茑萝》

远处雪山冰川晶莹，衬着落日。近处一泓碧波，欲语不语、似真非真，不可知、不可近。

——《让心灵回家》

在一个暖风微醺的午后，葡萄架下，阳光斑驳在发黄的书页上，这应该是读你最好的情景吧？再来点音乐？或者来一杯清茶？总之，不能辜负。

——《多想对你说》

它，从土壤中探出头，那么柔弱，那么娇嫩，在春日的绪风中露出翠绿的眉弯。

——《知否知否》

它，舒展开那卷曲的叶子，饱满成熟中又蕴含着温润，青涩不再是它的代名词。

——《知否知否》

轰隆的雷声，掠过的闪电，倾盆的大雨，考验着海棠，考验着这株还未经历风雨的“涉世未深”的海棠，同时也考验着我的承受力。我看见它的枝干几乎快被折断。

——《知否知否》

我又想象着，等风雨过去时，微风拂煦，旭日临窗，它会更显生机，它会伸展枝丫，它会把最美的花朵从晨旦开向晼晚，它的颜色会在春光中

浸染，点成最美的娉婷。

——《知否知否》

芭蕉不像香蕉，它结出的蕉又小又涩，是不能食用的，而祖父却总是把它伺弄得“亭亭玉立”。下雨了，雨声就打在芭蕉叶上，剥剥滂滂、索索淅淅，我是再熟悉不过的，那是童年的声音。

——《芭蕉雨思》

秋雨逗落，模糊了远方缓缓升起的炊烟。近处屋檐潺潺，那是雨声，也是愁思洒落。

——《海棠未落》

秋，真是个熬人的季节，我看那芭蕉叶都开始焦黄，冷冷清清地与秋雨应和着，弹出零零碎碎的曲调。

——《海棠未落》

雨小了一些，秋天的芭蕉已不再翠绿，继续等待它的是时光无情的鞭打，不可言说，不想言说也不屑言说。芭蕉树下，是一地的黄花堆积成了寂寞的况味。那花儿和我一样憔悴着，彷徨着。

——《海棠未落》

终于还是跨上了马，走走停停，看白日渐渐西斜在天边染成片片酡红。

——《海棠未落》

终于，月亮升起来了，月光落进了孤井。

——《海棠未落》

那晚，一轮满月在云中彳亍，洒下银色的光辉。

——《我的名字叫月》

这时，一朵淡淡的、薄薄的云飘来，像霓衣一样穿在了月亮的身上。

——《我的名字叫月》

一千多年后，一缕轻柔的月光透过窗子，洒在了窗台上，窗台宛若镀了银。

——《我的名字叫月》

月亮在天中晕染出一个淡淡的黄晕，在本该团圆的日子里他们毅然选择逆行。

——《口罩过年记》

“月出于东山之上，徘徊于斗牛之间。”扁舟一叶，歌数阙，好友二三，这就是东坡赤壁。也许是那晚的月光格外清澈，你似乎完全忘记了命运的坎坷，你似乎只记得心中的那份安适与恬然。

——《我读懂了你》

这个潮湿的季节似乎带着天然的不安，再加上池塘深处那聒噪的蛙，扰乱着夜的静谧。望向窗外，夜已深，友未至。眼前的一盘鸳乌，空置着。

——《阳光》

流过汗，淌过泪，但我始终不能成为舞台上的主角。独坐书房，夕阳渐渐褪成了浅绛。

——《窗外》

那是一幅叫作《月升》的作品：当太阳的余晖还没有散尽，明亮的圆月已经冉冉升起。山顶飘飞着层层云雾。山脚下，静静的村庄旁，是一片静静的墓地，十字架碑闪着灼灼白光。天上地下，仿佛回荡着一曲深沉的生死交响乐。

——《无题文（一）》

天，静静的；阳光，亮亮的。

——《无题文（二）》

昙花嫩黄的蕊轻轻探出头来，舒张着筋骨，似乎要把经年积蓄的力量全部释放出来。花瓣还没有完全张开，那里面似乎有一片辽远的天地。

——《无题文（四）》

几周前的那个午后，穹远的天空中挂着一丝微云，阳光照在素描纸上，有些刺眼。

——《无题文（四）》

思绪收了回来，眼前昙花的叶子也更鲜亮了，墨绿中涌动着勃勃的生机。

——《无题文（四）》

午后的阳光照进音乐教室，刺痛我的眼睛。琴声优美，却一声一声击碎着我的心。

午后的阳光照进教室，和煦温暖。琴声那样优美，一声一声为我喝彩。

——《无题文（五）》

草木菀枯，时光流转，窗外青葱的绿褪成了枯槁的黄，又覆上皑皑的雪。

——《无题文（五）》

阳光透过柘树的叶子，细碎地洒在她肩头。浅绛、黛绿、藤黄，她的针线盒里填满了颜色。

——《慢的哲学》

落日的余晖褪去了晚霞的最后一抹酡红，夜，仿若半透明的墨油纸一点一点铺展开来，剪出了妈妈微微弯曲的背影。

——《慢的哲学》

窗外的霓虹灯斜斜地闯进书房，却被妈妈温柔地化开了。

——《慢的哲学》

杪秋的夜，是有一些微凉，但凭着栏杆，有美文相伴，我喜欢在文字中悠悠地徜徉。

——《慢的哲学》

教室里的嬉闹和嘈杂都被过滤了，余下的只有书香，氤氲。

——《慢的哲学》

那是春暖花开的时候，各种树木在春风的抚摸下，竞相吐翠。榆树在这个季节里，结出了一串串的榆钱儿，翠绿欲滴。

——《家乡的榆钱儿》

天边褪去了酡红，夜像半透明的墨纸，一点一点铺展开来，与那晚霞混沌在一起，像一幅淡彩山水。

——《静静的幸福》

月光甩下洁白的水袖，飘过窗台，也飘进了我苦涩而又焦急的心。

——《追逐梦想升级版 4》

阳光洒进小窗，也洒在了乐谱上，在那里我似乎找到了那个曾经丢失的自己，在那里我似乎重新感受到了来自内心深处的澎湃力量。

——《传承一份戏韵》

那日，天际的白光慢慢褪成浅绛，然后泛出酡红。

——《圆梦之路》

那年杪秋，幽阒的小道中，淡淡的秋光下，彳亍着一个热爱京剧却又胆怯的少年。

——《戏梦》

再后来，攀过险绝雄奇的华山，登过烟雨迷蒙的青城山，踏过白雪覆盖的岷山……它们或险峻重岩，或清新淡雅，或万壑争流，可那茫茫沙漠

一湾清泉的景象仍在我脑海中挥之不去。

——《寻》

那给浮嚣以宁静，给躁急以清冽，给高蹈以平实，给粗犷以明丽的景致始终令我神往。

——《寻》

黄昏一寸一寸地爬上矮墙，把天边的晚霞酿成了酡红，夜像半透明的油纸一点点铺展开来。

——《开出不一样的花朵》

灰白的月光越过矮墙，闯进书房，把字帖中的一撇一捺映得更加明亮了。凝视着字帖，发现这久久翻不过去的纸页竟落了一层薄薄的灰，被月光勾勒出了一个银色的边。

——《开出不一样的花朵》

秋雨潇潇，烟波渺渺，纷纷黄叶而下，在秋风中酝酿着孤独，鱼幼微便孤苦伶仃在萧瑟的冷风中抚琴高歌。

——《读书感悟》

秋风轻轻推搡着树叶，国事渐颓。

——《读书感悟》

清风徐徐吹来，水面静谧得像一个熟睡的孩子，一盈白月在远处的山边若隐若现。

——《回到那一刻》

雨敲打着睡前的残酒，风忘却那春色的斑斓。树丫的绿生机勃勃，耳畔的风乍暖还寒。锦书已经不在，海棠是否依旧，有多少事情欲说还休。

——《走进历史》

窗外那一轮皎洁的明月已升到了最高点，黑暗占据了整个城市，屋脊的轮廓已不再清晰，但我依然在橙黄的灯光下“战斗”着。

——《爱的背影》

窗外，月亮收起了光华，黯淡的夜色也重新晕开来。

——《康桥夫子》

月光又洒下来，牵住了他的衣襟，也把我们又一次紧紧地牵在了一起。

——《康桥夫子》

远方，月有声，是飘逸银色的琴弦，弹拨游子醉酒的孤寂。

——《春江花月夜》

天籁如梦，琴声悠悠，月夜春江，风拂涟漪，卷起如梦如烟的往事。

——《春江花月夜》

乐声又起，透了一江春水，透了他一身。月照花影，水深云际，清晰地托起一幅隽永的画卷。看斜月西沉，那份离愁，挂在了月的两端。

——《春江花月夜》

此处，夜有声，是如歌的散板，静静绽放于林间，缱绻闺中的一份惆怅。

——《春江花月夜》

春风，动了月色，却绊住了远方。春天的夜晚，严闭的记忆，被一串琶音轻轻撞击，开始在夜色中弥漫。与一群音符相拥抱，无声的泪水，濡湿一阕古老的歌谣。古乐在静谧的江面上回荡。

——《春江花月夜》

月光在夜空中轻轻摇曳，袅袅娜娜，春江的潮水，散溢那幽幽月影，水天共长，一望无际。梳妆台上，玉户帘中，思念都收在了夜的叹息里。

——《春江花月夜》

帆影已远，渔火已逝，谁在河流的彼岸，牵动秋水明眸的深情?

——《春江花月夜》

书一卷，灯一盏，清茶一杯，满室皆茶香与墨香。

——《茶道》

静观远处夕阳西沉，周身弥漫着淡淡茶香。茶则、茶擂、茶盅、茶杯……静静地摆放在石几上，飘香的龙井散发着冷峻而清净的气息。

——《茶缘》

## 人物描写类好词好句

凝视，那宣纸上古朴的纹理氤氲着熟悉的味道；凝神，回忆着那些技巧，白描、罩染、皴擦；凝思，“有女同车，颜如舜华”，一遍遍品味着木槿的气韵，一遍遍琢磨着木槿的特质。

——《让初心回家》

我眉头微蹙，轻抿嘴唇，左手轻轻按住砚台，右手拿起久违的那支紫毫，回忆随着那笔管上似乎还留着的往日的余温渐渐散开……

——《让初心回家》

白描讲究一气呵成却又不能急躁，线随腕动，或悬腕于空，或附肘于桌，短线求精，长线求净，线条都需要力感与美感。顿——挫——转——折——。终于，花的轮廓完成了。再用小羊毫沾染一点浅绛，染于花尖，那是一朵将红未红、待香未香、欲开未开的木槿，它微微低头，似是不胜凉风的娇羞。

——《让初心回家》

细细的颤抖从指间传来，像一道温柔的闪电迅速传遍全身，那一刻我再次体会到了工笔画的快乐。

——《让初心回家》

这一笔轻劈过去，似重非轻之间甩出扁舟一叶。随即，又细细地、缓缓地牵回笔锋，几个小小的颤笔，勾出若有若无的水波，这里用的是淡墨。最后，顺势往下铺开几笔浓墨，“河中”的磐石就立住了。我的神情？毋

庸说，是专注的，但我想彼时彼刻只用专注形容还不够。那时我的神都聚在了手里的石头上，像是望着极远极远的远处，又像是盯着极近极近的近处，瘦瘦的肩挑着宽大的衣服，微蹙的眉压着一轻一重的呼吸，额头的汗水沁出，微微的颤抖从手臂传来。停笔，收墨。回头看看自己的影子，一会儿厚一会儿薄，就好像笔下亦轻亦重的墨，斜斜地，打在旧墙上，收在了夜的静谧里。

——《自己决定》

我沉浸这壮阔中，我也沉浸在莫尼山那些绮丽的故事里，久久，久久，不能平静。

——《游莫尼山》

胸前挂着单反相机，腰际垂着专业镜头，身穿多口袋帆布马甲，一双发黄磨旧的旅游鞋，走遍天下，以梦为马：这就是我梦想中自己的样子。

——《以梦为马》

已经来不及再去打开三脚架了，对，就趁现在！双臂夹紧，左手稳稳托住长焦镜头，按快门的手指激动得有些微微颤抖。咔嚓咔嚓！快门连续响起，像一串欢乐的音符。

——《以梦为马》

甩一甩马尾，整一整胸前的单反相机，腰际依然是沉重的镜头；抛弃秀色长裙，身穿帆布马甲，一双发黄磨旧的旅游鞋。这就是我，走遍天下，以梦为马。

——《以梦为马》

第二天天一亮，等到面团胀得鼓鼓的时候，便铺开案板忙碌起来。“咚咚咚”，菜刀和案板敲击的声音会把小孙子从睡梦中唤醒，成了小孙子最动听的晨起闹铃。

——《老王的疑惑》

藏青色的中山装有些发白，满头的银发矍铄地立着，带着一些军人的刚强和坚定。然而，微微佝偻的背，皱纹里藏着的从容，指尖流淌的琴声，又带着些艺术家的柔软和内敛。

——《生活中的微感动》

出价的是一位中年女士，其黑色的连衣裙上绣着牡丹暗纹，鼻梁上架着一副黑框眼镜，透着优雅与大气。

——《眼神》

我看到她整了整衣领，推了推眼镜，眉头有些微蹙，嘴角却依然露着坚定的微笑。能看出来，她志在必得。

——《眼神》

然而，喧嚣的深处，一个伛偻的老者引起了我的注意。一把藤椅，半壶浓茶，几片老叶点在黄汤中，醇，厚。抬手间，他又浅斟了一杯，轻抿了一口，脸上的皱纹随即舒展开。似乎，外界的喧闹对他而言都不复存在，他像一棵老树，安然立于尘世纷闹的绪风中，安详、从容。

——《让心灵回家》

读你，最好是在雨雾的树下，一切都很安静，只有头顶叶片上的雨珠儿还会偶尔打湿额发，而那些遥远的文字却打湿了我的心。

——《多想对你说》

双眼死死地盯着面前的头盔，那纵横交织的网格似乎变成了一只大手，把我紧紧地扼住。我缄默了……

——《走过风雨》

“别灰心，这次比赛失利没关系，只要努力，下次就一定能够走向柳暗花明。”暖暖的声音如同一阵微风，熨平了心中的迷惘。

——《走过风雨》

细密的汗珠从我的额头上一滴滴渗出，酸痛的感觉从微微颤抖的手臂上传来。每一个动作都做得无比谨慎，每一个战术都经过深思熟虑。

——《走过风雨》

彼时的我感觉正有一种力量在心底悄悄成长着，似乎就要开出一抹浓密青葱的绿。我猜，这种绿的名字叫作“拼搏”。

——《走过风雨》

声靠气动，没有气息的支持，声音就失去了依托。回到家中，我常常一个人对着墙壁，双手掐腰，练习“吐纳之功”。我想，每练习一次，我就离我的戏梦又近了一步。

——《那份戏韵，真好》

我不再想放弃，不再想退缩，我坚信，我的汗水一定能铸就属于我的那一刻。晨光里，是我努力的样子，夕阳中，是我拼搏的背影。一年时光荏苒，我在越剧的路上走走停停。

——《那份戏韵，真好》

风雨过后，我逡巡着拉开窗帘，我震惊了：它居然活了下来，虽然嫩枝已经歪斜，绿叶铺了一地。可是它接受了一次真正的磨砺。

——《知否知否》

是我，把一匹素练放进被夕阳揉碎的溪水。浣洗间一个小河童撑着长篙渐渐靠近。“姐姐，你真好看！”那小河童天真的声音贴着水面传来。我舀起一瓢，轻快地泼向河童，却惊起了远方的三两只白鹭。嗔怪河童不应该如此直白，却又暗暗在水中欣赏自己皱皱的倒影。是的，那时的我，真美。

——《海棠未落》

“回去的路上要小心……”我欲言又止，脸颊绯红，只是守到暮色吞没天际而那人早已远去。

——《海棠未落》

还是依着我的小窗儿吧，尽管孑然一身，尽管形容憔悴，如果一杯淡酒敌不过晚来寒意，那就再斟一杯，再斟一杯……

——《海棠未落》

演员登台，我更是目不转睛：粉色的颊，黛色的眉，翻转的水袖，流水般的台步，一颦一笑都带着独有的风韵；更别提武生那威武的靠甲，直挺的靠旗，更有头顶英武的翎毛，幻化成了童年美好的梦。

——《戏缘》

窗前是你——卞之琳，清癯的脸颊上透露着悲伤，一支钢笔，一笺信纸，你书写着月亮，也书写着你自己。

——《我的名字叫月》

“10 号床病危，快！上呼吸机！”眉头紧锁，眼神坚定，每一个白衣天使都在医院里与死神争夺着生命的分秒。

——《口罩过年记》

当夜幕降临，当口罩摘下，他们的脸上是一道道被勒出的印痕。在那些印痕里，我看见了那最美逆行者的品格。

——《口罩过年记》

悄悄地，我溜出宿舍，找了个僻静之处，轻轻哼唱起：“大哥休要泪淋淋，我有一言奉劝君。”夜晚的风，微凉，可我的心却流注着一股热气。唱，思，练，悟，那晚，一轮明月，一段唱词，氤氲成了最美好的回忆。

——《青春最美的印象》

她眉头微蹙，两颊微红，拇指和中指轻轻拈起月饼，小心地递到唇边，刚咬一小口就放下，转而呷一小口茶。

——《仪式》

也是小小地咬一口月饼，不过和妈妈不同，他是在细细品味，仿佛生怕错过味蕾上的每一个细微刺激。他挑着眉毛，看着我："快吃，尝尝今年爸爸买的月饼成不成功！"

——《仪式》

手动对焦，光圈7.0，IOS150，咔嚓！又一张数码照：黛蓝的天空中，一轮明月高挂。

——《无题文（一）》

可是，摄影老师扫了一眼照片，清癯的脸上依然是一副淡漠："重拍！"

——《无题文（一）》

熟悉的调焦动作，熟悉的快门轻响，熟悉的月光下是我不一样的心情。"咔嚓！"又一个月亮被定格在穹远的天空。我微微翕动鼻翼，有些紧张，随即嘴角上扬。

——《无题文（一）》

爷爷，专注着，抿着嘴，眉毛拧成了一条灰白的直线。他一手拿个锯子，一手按着木条，时而抬起头，似乎那里是他生命的全部。终于，完成了一部分。他的嘴角漾起了一丝淡淡的笑，这是平日里不常见的。

——《无题文（二）》

眼前的，爷爷的这笑容又收敛了去，消逝在了他重新聚焦注意力的过程中。那简直是一幅绝美的油画。阳光给他勾上了一条金色的边，又把他弯曲的脊背剪成了一条美丽的弧线。他鼻翼翕动着，偶尔停下来量一量尺寸，像是雕琢一件艺术品。他的眉头一会儿微蹙，一会儿舒展，额头的青筋微微跳动着，脸上的皱纹里似乎沁出汗水。

——《无题文（二）》

“看来还没老，当年的手艺没有丢，呵嘿！”然后，他点起一根烟，猩红的烟头在阳光下闪了一下。他满意地盯着自己的艺术品，眼睛里还有一抹难以名状的光泽。

——《无题文（二）》

梦回琅琊，我遇见了那个苍颜白发的老者。几杯浊酒，数碟野蔌，一卷诗文，独享一份闲乐。微醺的你，脸上晕开一片浅绛的云，眯缝着双眼，鼻翼轻轻翕动，嘴里吟咏着：“人知从太守游而乐，而不知太守之乐其乐也……”

——《无题文（三）》

梦回旧上海聚丰园，我遇见了那副铮铮铁骨。一首《自嘲》震惊四桌，郁达夫给你斟了一杯酒，却见你清癯的脸上写满了斗志。

——《无题文（三）》

梦回一八六九年的那个秋天，我遇见了你，列夫托尔斯泰。长髯覆盖了两颊，遮住了嘴唇，遮住了皱似树皮的黝黑脸膛，一根根迎风飘动——这是茨威格笔下的你，也是我心中的你。

——《无题文（三）》

“线条凌乱，构图不当，这不是我想要的结果……”我瞥了一眼自己的画，喟然。“妈，我想……我想放弃绘画……”我嗫嚅着。

——《无题文（四）》

“哈哈——”音乐课上，我凌乱的节奏、失准的音高引来了哄堂大笑。涨红了脸，低下了头，羞赧的我不知所措。

——《无题文（五）》

突然有一刻，我似乎找到了歌唱的方式，我感觉自己是一根中空的管道，声音贴着后咽壁传到脑后，又从眉心传出，而此时腹腔和胸腔也产生了共鸣。

——《无题文（五）》

一针，一线，外婆缝补的时候总是很专注。有风吹过，卷动她的发丝，像秋天的芦苇般飘扬，一朵朵洁白的芦絮起伏。

——《慢的哲学》

“电动车不许上楼！快，快推出电梯！”她故作嗔怒地笑着，有点“凤辣子”的味道。推电动车进电梯的小伙子瞬间红了脸，像一颗蔫儿了的辣椒，无奈，为了社区的防火安全，电动车被乖乖地停在了楼下。

——《社区的傍晚》

突然，她翕动着鼻翼闻了闻空中的味道：“甜？哪来的甜味儿？”

——《社区的傍晚》

意料之中的“东风”来了。那年，我报名参加了网上的一个朗诵课，就好像一阵东风欲唤醒那颗蠢蠢欲动的种子。屏幕那边的老师悉心教导，屏幕这边的我充满畅想：是怎样的一个我，用怎样美妙的朗诵，成为全场最闪亮的星。

——《做一颗种子》

意料之外的“冷雨”也来了。初次公开朗诵，是在班会上，以忘词和尴尬收场。尽管没人对我嘲笑，尽管教室里是鼓励的掌声。但于我而言，这掌声更像是一击赤裸裸的揶揄，一场骤然抖落的冷雨，把心中的种子浇得奄奄一息。

——《做一颗种子》

重新打开网课，跟着老师的示范，哪字须抑，哪句该扬，何时要顿，何处能挫，一遍遍地模仿、录音、回放、修正……渐渐地，拧着的心情放松下来，内心的褶也似被熨平。

——《做一颗种子》

我们沐着朝阳迎着微风，爬到树杈最高处，找个榆钱儿最多最厚最嫩的地方，把篮子挂在粗一些的枝干上，然后或坐或骑或蹲，在榆树之中穿梭。

——《家乡的榆钱儿》

姥姥取出玉米面，放上适量的水搅拌，不稀不干，恰到好处。待大铁锅里的水冒出热气的时候，姥姥就把一个大大的用来蒸豆包用的漏帘放到锅里，再在上面铺上一块大大的纱布。尔后，把玉米面均匀地撒在上面。最后，再把已经沥干的榆钱儿均匀地撒到玉米面上，再往上面撒一些盐巴。

——《家乡的榆钱儿》

抚摸着它那久经沧桑龟裂不堪的树皮，我俯身捡了一把散落的榆钱，小心翼翼地托在手心，贪婪地吮吸那股清新的香气，那小小的榆钱儿，已经植根于我的记忆深处，牢牢地扎下了与故乡生脉相连的根……

——《家乡的榆钱儿》

晚霞给她脸上的皱纹染了色，一道一道，好似皴开的水彩。晚霞也把他的银发染了色，一层一层，类似旧纸上的白苇。

——《静静的幸福》

等到太阳真的落下山去的时候，她终于收起手中的活儿，一步一步回屋。他也站起身来，像个孩子，亦步亦趋地尾随着，直到消失在夜晚的雾霭中。

——《静静的幸福》

转身、移动、跳投……每个动作都像跳跃的音符，连成了一曲奋进之歌，催促着我朝着梦想前行。

——《追逐梦想》

每天清晨，我在跑道上追逐着第一缕阳光；每日傍晚，我在操场上亲吻最后一抹夕阳。

——《追逐梦想》

从陌生到熟悉、从熟悉到巧用。渐渐地，每一个动作都深深地烙在了心里，原本调皮的篮球也变成了一匹被驯服的战马，跟随我在球场上驰骋。

——《追逐梦想》

我兴奋不已，急忙换上了那粉红的足尖鞋，紧紧地握住把杆，慢慢地拱出脚背，猛地立起足尖，“啊，疼！”我叫了出来，瘫坐在了练功房里。阳光轻轻地洒进练功房，也洒在了我的脸上。“不，这小小的挫折不能阻止我拥抱梦想！”我暗暗告诉自己，然后揉了揉脚趾，站起身，再次踮起……

——《追逐梦想（升级版1）》

小小的练功房里，我无数次汗流浃背，无数次摔倒又站起，脆嫩的足尖磨泡，出血，愈合，直至生出厚厚的茧……

——《追逐梦想（升级版1）》

聚光灯亮起，一切隐没在黑暗中。那一刻，我不再是我，而是属于那天鹅湖畔的一只小生灵。乐声中，那洁白的羽翼轻缓而翩然，拥抱着它的希望，也拥抱着我的梦想。

——《追逐梦想（升级版1）》

第一次看到筝的时候，我便梦想着有一天端坐筝前，指尖轻弹，让那芙蓉泣露之音袅袅而出，漾出一朵绝伦的音乐之花。

——《追逐梦想（升级版3）》

大撮、小撮、琶音、摇指，每一个技巧背后都倾注一份感情。抬手，收音，我领略到了从未有过的快乐。

——《追逐梦想（升级版3）》

我再次翻开《多宝塔碑》，一遍遍地品味每个字的平稳谨严，咀嚼每个字的刚劲秀丽。然后闭上眼，脑海中一遍遍地回忆那笔笔藏锋、笔笔回锋的细节。终于拿起笔，提——按——转——折，一遍、两遍、十遍……时钟无力地指向了十二点，执笔的手心沁出汗水，而笔下的字也越来越美。

——《追逐梦想（升级版 4）》

曾经多少次，因为大意，本该匀稳的字失去了美。但心底有个声音在回响：衣带渐宽终不悔，为伊消得人憔悴。

——《追逐梦想（升级版 4）》

熟悉的乐谱前——

“诘屈聱牙”的音阶在昏暗的灯光下让人心生倦意。“为什么我要每天练习呢？”无奈地合上乐谱，当时多么想把乐谱狠狠地摔在地上，那就是放下个很重的包袱……

——《传承一份戏韵》

“梦短梦长俱是梦，年来年去是何年。”笛声悠扬，缠绕着清淡的水磨腔，头上的珠翠光彩流动。灯光下，白色的丝绸翻卷，隐现衣上绣的花。

——《圆梦之路》

那年九岁，质疑声、嘲笑声、叹息声，声声入耳，差点击碎那颗爱戏的少年心。

——《圆梦之路》

听着耳边的戏韵，轻轻闭上双眼，脑海中回忆着杜丽娘在牡丹亭中的一颦一笑。到底是怎样的春景，搅动了闺阁中的那颗春心？到底是怎样的一根绿柳，牵引出一段旖旎的佳话？低头，品味着【懒画眉】的婉转优柔，体会着【玉交枝】的绮错婉媚，身上的戏服被汗水浸湿，手中的泥金折扇跳动着金影。抬手，一袭水袖再次翻出杜丽娘的内心波澜……

——《圆梦之路》

一袭红帔，一双彩鞋，那“点翠头面”熠熠生光，几支凤挑更是随着程派《锁麟囊》的声线而光彩流动。

——《戏梦》

大拇指轻轻贴于中指边缘，其余三指微微弯曲上翘。为了兰花指的“钩”与“柔”，我常常对着镜子独自练习。慢慢地，僵直、呆滞的手指有了些许灵性。目光聚焦，眼皮抬起，或跟着绢帕左右移动，或长时间不错眼地盯着墙上的“定睛物”。为让眼神变得更“明”、更“实”，我忍受着眼睛的酸涩、对抗着眼皮的打架，只想在学戏的路上再迈出一小步。

——《戏梦》

京胡一响，聚光灯下，我便自己融进了时空远处的那个女子，演着她，体味着她。

——《戏梦》

为什么？难道我还不够好吗？我将钢笔丢在一边，作文比赛失利的场景仿若一个挥之不去的梦魇一遍又一遍扼住我的咽喉。

——《玉簪花》

全家分享着那盘金黄酥脆的藕荷，我还不时地用舌头舔舔留在嘴角的“珍馐”。

——《母爱如书》

昏黄的灯光照亮了墙角那一个“军用背包”，也照在了妈妈忙碌的身影上。

——《母爱如书》

“妈，你疼不疼？”我噙着泪水。妈妈嘴唇微启却没有说话，憔悴而苍白的脸上露出一个勉强的微笑，似乎想告诉我：“孩子，妈不疼，一点都不疼。”然而，微蹙的眉头却出卖了她。

——《母爱如书》

爷爷笑了，幸福的风吹皱了他的脸颊，绽出一朵慈祥的菊花。

——《缩影》

小区门口，他，紧裹着一件发白的军大衣，不厌其烦地为忘带门禁卡的居民们拉开铁门，一遍又一遍，看似机械的重复动作中似乎透着快乐与执着。

——《文明的细节》

这时，一个颤颤巍巍的身影走向草坪，她一头银发，脸上布满皱纹，缓缓地俯下身，将空易拉罐拾起。熙熙攘攘的人们只顾头顶的风景，却不知，这简单却不平凡的一幕才是最美的春之风景。

——《文明的细节》

会背诗，仿佛并不能引来多少歆羡的目光。我渴望着像一匹不羁的野马，脱开诗的缰绳，跑向更广阔的原野。那时的你，并没有责怪，只是悄悄收起了《千家诗》，码在了书架的最高层。

——《我的平仄生活》

那晚，我再次翻开发黄的旧页，仿佛又回到了那段时光，你问“君家在何处”，我答“孤客最先闻”，你品“何处秋风至”，我道“幽人应未眠”，与你探讨“浮沉千古事”，与你争论“屈子怨何深”，那些音韵又回到面前。我平静了，又澎湃了，突然——诗香满地，花香满地。

——《我的平仄生活》

弯腰，俯身，勾手，触沙，那是极为炽热的感染，顿时一阵烧灼之痛蔓延全身。心中反反复复、仔仔细细度量着脚步，向前踏出一小步，定倒退大半步；用力向前迈，却发现半条腿陷在沙里。我迷失于黄沙漫漫之间，屡试屡踬、惧惧、惆怅，刮过的朔风，刮不走我的徘徊。

——《寻》

索性，我躺在沙上，就像因思念故土而不能入眠的赤诚游子回到家乡一般，任凭风沙渐渐掩埋我。地为席，天为盖，我愿时间在此永远定格。

——《寻》

久立桌旁，心里倏尔润朗起来，望向窗外，月光褪去了灰白，变得皎洁清新。轻拭细灰，凝神处，却猛然发现“坚忍”二字显得愈发明亮了。

——《开出不一样的花朵》

此刻的我，觉得自己仿佛是个战士，挺立的笔杆是我的枪矛，醇黑的墨汁是我的甲盾，在鹅黄的宣纸铺就的战场上，纵横捭阖，冲锋陷阵。阵阵酸麻从指尖蔓延到手臂，细密的汗珠在鼻尖额头渗出。提——按——顿——挫，每一笔都倾注着所有的努力，横——折——撇——捺，每一划都凝聚着所有的执着。

——《开出不一样的花朵》

斟清茶一杯，我轻捧古书，一时，思绪万千，一时，感慨万千，那些记忆里的愁绪也渐渐蔓延开来……

——《读书感悟》

那一刻，你的手微微颤抖，在去峰山的茅屋中写下“难得糊涂”。五十九岁的你早已看遍了人世的沧桑，体味了人生的无常。

——《回到那一刻》

天边露出了微光，像一只惺忪的眼，缓缓地睁开。疲乏的你揉搓纤细的双手，涔涔的汗渗透薄薄的青衣。门前的秋千随风飘荡，窗外的露珠透出花香。急促的脚步在耳边萦绕，伟岸的身影在心中回荡。

——《走进历史》

眷恋一段情，空留梨花泪，到底是谁，留你徐徐憔悴?

——《走进历史》

曾经的你在深夜浅吟低唱，如今的你在山顶着风高亢。站在山头冲着远方大喊，无穷无尽的愁绪不再埋藏心间。登高处，凭栏眺，那靖康之耻你犹记心头。

——《走进历史》

曙色微茫之际，在一众奔走的身影中，我看到了那个最爱与我聊天的朱学侃走向了船舱，他正拖着微偻的背、几天未眠的疲惫身躯去布置装运。

——《他们在，我在》

他也正望向我，眸子清澈、温柔，却也深邃，看不透他正在想些什么，只听得他口中默念道：“文物有灵。”

——《他们在，我在》

那时的我，总是喜欢把脸紧紧地贴在妈妈身上，然后跟妈妈描述着昨夜或恐怖或美好的梦。

——《爱的背影》

每天傍晚，这个背影总是在厨房专注地准备着晚餐，日复一日，年复一年，那饭菜的可口味道从未改变，而那挺直的脊背却越来越弯。有谁知道，这一汤一饭之中，浸透着多少浓浓的爱？我转过身，鼻尖上只留下了一点冰凉的酸……

——《爱的背影》

水边，他，头戴青色蒲帽，几缕银丝在清冷的空气中微荡。

——《走在鱼的思想里》

我见他与朋友打趣儿，看他嘴角上扬应是欢乐无疑了。边上的人同戴草帽，却眉头微皱，有些哑然。

——《走在鱼的思想里》

梳着油头，洋装、洋眼镜、洋手杖，浑身透着“新青年”的光——这是徐志摩。

整齐的戏装，发亮的皮鞋，小眼睛里闪动着知识的光，白净的脸上带着诗意——这是“康桥夫子”。

——《康桥夫子》

当他读到此处的时候，他突然看向远方，似乎眼神与千里之外的康河交汇，也把我们的思绪带进了那个离别的黄昏。

——《康桥夫子》

那一刻，全班的空气都凝固了，他的神色也凝固了。我看到他微微蹙起了眉头，鼻翼翕动着，神情突然有些黯淡。

——《康桥夫子》

那个伫立的背影，望落了月亮和星辰，唯留下一江春水的碧波，涌动起心中淡淡的乡愁。

——《春江花月夜》

心中有一丝迷惘，一丝无所适从，一丝怅然若失。

——《茶道》

呷上一口，茶水好似没有特殊的滋味，但几乎那时，一股茶的淡淡的香气在口中蔓延开来，富于变化的香气美妙无比。一口咽下，却又感觉像最初入口一样，淡淡。

——《茶道》

柔和的灯光下，我持笔一支，一丝不苟地在书页上圈圈点点，一遍又一遍地认真背诵、记忆、理解，我深深地体会着学习的酸甜苦辣，如体验那变化万千的茶味一样。

——《茶道》

屏息凝神，翻开陆羽的《茶经》，我仿佛看到了千百年前的陆羽在清晨的茶园俯身采集新鲜的茶蕊，听见了开水冲击娇嫩茶叶的泠泠水声，嗅到了茶香满园。

——《茶缘》

闭目沉思，清香的茶叶在脑海跳动，那一套泡茶的动作，仿佛被赋予了生命，那样生气勃勃却又怡然自得。

——《茶缘》

轻轻呼出一口气，我拾起茶匙，将嫩绿的茶叶轻轻放置于杯内。高提水壶，让水直泻而下，接着利用手腕的力量，上下提拉注水，反复三次，让茶叶在水中翻动。阵阵清风拂面，一套完美的凤凰三点头完成了……

——《茶缘》

轻抿一口自己的作品，感受清香的茶水缓缓流入口中，享受味蕾的冲击，我不由得会心一笑。内心经历的那场渺无声音的战争，终于止于安静，止于美好。

——《茶缘》

泡茶时，我尽力放空思绪，嗅着干茶的清香，将干茶置入茶壶，冲沏、翻腾、踊跃，随后便是扑鼻而来的清香。随后我将茶水倒入茶杯，一只手慢慢托起茶杯，一颗心慢慢沉静下来。

——《茶悟》

## 议论抒情类好词好句

与工笔相伴的日子漫长而辛苦，执着又幸福。那些日子，汗水与晨光相伴，却浸染出梦的味道；那些日子，疲惫与暮色相随，却勾勒出梦的轮廓。

——《让初心回家》

意料之中的灵感，意料之外的失败。

——《自己决定》

“皑如山上雪，皎若云间月”，卓文君的《白头吟》带你走进那个迤逦的文学世界，让你的灵魂不再辗转，让你的思绪不再杂乱。“他家但愿富贵，贱妾与君共哺糜”，多么深情的话语，多么感人的故事，氤氲在书的天地中。

——《读书感悟》

人类，请反思，生命苦短，什么是你们应该做的最重要的事情？请反思，世界纷繁，你们是否真的用好了你们手中的自由之帆？人类，请反思，假如灾难再次来临，你们还会不会像如今一样惊慌失措？

——《病毒给人类的一封信》

下山的那一刻，我突然有了一些不一样的感悟：我原是循着美好而来的，可中途却也险些以失望告终，但最后，美好却又不经意间回来了。

世界上又有多少事都是如此呢？是的，心存美好，美好便会以另一种方式而回归的吧！

——《游莫尼山》

自宋玉于《九辩》中留下“悲哉，秋之为气也！”的名句后，悲，就成了秋的一种色调，一种情。

——《秋的况味》

于是，秋，便在一页页枯色的纸张里，被那缕缕的哀怨、愁绪，熏得迷迷离离。愁也就成了“心”上之“秋”了。

——《秋的况味》

青莲居士的那一句“我觉秋兴逸，谁言秋兴悲”，秋高气爽、宜人秋色直入笔底，我们从秋山秋水中，领悟到了秋天的逸兴遄飞。

——《秋的况味》

树树秋声，山山寒色，又一秋。

秋意渐浓，诗情愈烈，好一秋。

——《秋的况味》

但是，转念，细思，我却又有了不一样的启发：窗外的茑萝不也可以重新种上吗？虽然要付出更多汗水，付出更多耐心，何必为了那遗失的美好而伤感低回呢？

终于懂得，不必把偶然的错过当成永久的过错，只要心中的茑萝长青，一切，为时不晚！

——《茑萝》

一阵琴声，一个身影，滴滴感动，在心湖漾开，圈住了时光的美好。

——《生活中的微感动》

生活的美好是什么？就是在心里安放一个个黑白的琴键，倘若悲伤来临，这些小小的琴键就会弹奏起一曲曲治愈的歌谣，奏得很美，浸得很深，飘得很远。

——《生活中的微感动》

您是一座丰碑，直上云霄，而那碑上镌刻着您的坎坷与血泪。当有一天我们仰望长空，能听见您的声音远远而来。

——《中国精神》

我想，您的眼睛一定是幽邃而深沉的，我想，您的背影一定是坚定而执着的，我想，您的手一定紧握命运的权杖。

——《中国精神》

“人生达命岂暇愁，且饮美酒登高楼”，假如长长的历史是浩瀚的夜空，您就是天边的那一颗启明星，照开了黎明前的黑暗，给夜行的人以无限希望。

——《中国精神》

“相看两不厌，只有敬亭山”，您走过的地方，土地因您而变得柔软；“燕草如碧丝，秦桑低绿枝”，您走过的地方，树木因您而变得葱郁；“黄鹤楼中吹玉笛，江城五月落梅花”，您走过的地方，繁花因您而变得馥郁。

——《中国精神》

一把剑，一壶酒，一轮明月，您走过巴蜀，走向长安，却不曾想那些权贵的嘴脸是如此丑陋，您不想低下您高贵的头颅，您不想卑躬屈膝，您仰天长啸：安能摧眉折腰事权贵，使我不得开心颜！

——《中国精神》

“奠枕楼东风月，驻春亭上笙歌。”每当冰轮初升，我便会想起您。您的命运一如这明月般坎坷多舛，但生命就是一个圆，不管走过多远，您都回归那份初心。

——《中国精神》

“木落山高一夜霜。北风驱雁又离行”，您走过很多山，很多水，您行过很多路，很多桥。可您知道吗？“楚天千里清秋，水随天去秋无际”，当您走过，那山与水便明亮起来，那路与桥也丰满起来。

——《中国精神》

我见证了那些眼神，而那些眼神见证了时光。

三百年了，我终于见证了最好的时光，而时光见证了祖国最美的眼神！

——《眼神》

那时的我，就站在他们面前，从未如此“痴醉”——

这时的我，就站在他们面前，从未如此“绝望”——

——《让心灵回家》

那一刻，群山不语、鸟雀不语、江涛不语，而我的血液与脉搏却撞击着：这才是心灵的家，一个与世无争的桃源！

——《让心灵回家》

远处铁架上，一只金丝雀慵懒地立着，脚上的金链应该锁了多时，它可曾记得林间的自在啼啭？它可曾记得薄雾中的声声脆鸣？它一定忘记了。还有身边的花，艳俗、矫揉，它们可知自己本该在骀荡的春风中俯仰生姿？它们可知自己本该浅倚土地享受缀霜带露的恣意？它们一定不知。

——《让心灵回家》

那一刻，我恍然，原来时间和喧嚣是一种“考验”，原来心灵的家不在“物外”，原来，心安之处，便是园庐！

——《让心灵回家》

翻开你，《诗经》，会发现你像一个隽永的序曲，点燃了中国文学的乐章。

——《多想对你说》

我合上书页，而那些文字却依然在脑海盘旋，“风”的平实，“雅”的绮丽，“颂”的虔诚，在“赋比兴”的吟哦里酝酿，酝酿出一坛浓浓的酒，酹进时光。

——《多想对你说》

走进你，汉乐府，一泓清冽的泉便缓缓而来，漾开，漾开，奏成了另一种美好。

——《多想对你说》

读你，可以是雨打芭蕉的月夜，也可以是烟霭朦胧的清晨，更可以是草长莺飞的二月池畔。无论怎样，我总能找到属于我们的一种默契。

——《多想对你说》

七律和五绝的平仄，边塞和田园的畅想，浪漫与现实的交汇，你可以是绵延的群山，也可以是幽清的山涧，在这里你既可以是悲歌畅饮，也可以是隐世桃源。

——《多想对你说》

思绪飘啊飘，终于停在了最旖旎的时光——

——《那份戏韵，真好》

我似乎懂得了一些：这海棠不正是我自己吗？那个逆着光勇敢前行的少年，一路走走停停，却没有一丝丝改变，面前再多艰险从不退却，时间只不过是考验，终将成为青春的曼忆。是啊，倘有一襟海棠心，则风雨何患？

——《知否知否》

知否知否，应是路远梦俦！

——《知否知否》

一边是自然的辩证法，一边是人类的方寸心，我不禁喟叹古人哲思的精妙。

——《芭蕉雨思》

对蕉，对雨，有一种难以名状的情愫在发酵，在生长。

——《芭蕉雨思》

我多么希望，在城市的雨夜，也能有一株芭蕉树，滴落霓虹，静静地晕开在城市斑驳的脚印中。

——《芭蕉雨思》

有时，我为自己不能有机会真正学戏而遗憾，但有时我也不遗憾，因为只要我心存热爱，心存对戏的一份向往，它永远都是我心中最美的风景。

——《戏缘》

诗，不应该是存在于纸上的一个个文字，更应该是少年心中的歌。

——《少年心》

那是个黑白电影，那时的画面并不精致，那时的音效并不完美，但一颗年幼的心，就这样被黄梅戏塞满。

——《青春最美的印象》

读懂黄州的月光，就能读懂你。

——《我读懂了你》

“乌台诗案”是一块未痊愈的伤疤，那晚月光再次把它撕裂了。

——《我读懂了你》

到底什么是“闲人”呢？你似乎还有一些不甘，还有一些无奈，还有壮志未酬的失落。但你已经能够随时让自己释然，哪怕只是夜里凉凉的微飔，也能让你的心悄然打开。

——《我读懂了你》

生命的路上，总少不了微寒，而那些幽幽的诗香，恰似一缕温煦的阳光。

——《阳光》

韩愈，字退之，正如你的名字一般，在官场上你退了，可是在灵魂上你却升华了。

——《阳光》

我们的思绪跟着平仄之音起起伏伏，我们也梦入神山，我们也独倚桂树。那斜飞的露脚，不仅仅湿了寒兔，也湿了我们的一亩方寸。怪不得，这箜篌声感动了紫皇，怪不得，那十二门前凝了冷光。

——《阳光》

诗词的意义早已知晓，它告诉我们再艰难也要绽放出属于自己的美好。可是，我反倒觉得，这诗对我是一种讽刺：苔花不管如何努力，也不可能成为牡丹。和苔花一样，我的所有的抗争，无非是另一种形式的自欺欺人。

——《窗外》

此时的我却突然有了不一样的想象：对于苔花来说，环境是个单项选择题，选择了此处就不能选择彼处。但我们呢？环境是多样的。京剧也好，围棋也罢，每一个领域都可以涉足。我们没有必要因为在“此处”成为苔花就唉声叹气，因为在“彼处”，我们仍旧是“牡丹”。再退一步，作为一朵花，你爱脚下的土地，这就够了，何必在乎自己是苔花还是牡丹？是啊，我爱京剧，这就够了，何必在意我是不是主角？

——《窗外》

原来，我们不可能是所有领域里的主角。而明白了这一点，我们才可能成为生活真正的主角。

——《窗外》

云儿浅淡，风却轻暖，把我们镶嵌在了那一寸时光之中。

——《无题文（二）》

树人，其实你树的不是你自己，更是一个大写的中国人。

——《无题文（三）》

人们常常将你的其貌不扬和陀思妥耶夫斯基的器宇轩昂相比较。可是，我却更喜欢你大地一般的质朴气质，喜欢你字里行间透露的赤子之情。

——《无题文（三）》

我思索着，思索着，到底是什么能打破时空的阻隔，给灵魂注入最珍贵的养料？直到我再次读到那首小诗：为什么我的眼里常含泪水？因为我对这土地爱得深沉！

哦！我终于明白了，是一份对人民的关怀，是一份对社会的责任，是一份对真理的孜孜不倦，这，就是他们的密码！

——《无题文（三）》

脑海里划过那些画面：多少个春天，忘我地挥动手中的画笔；多少个夏日，忘记额头已被汗水沁湿；多少个杪秋，久久专注于纸上的图案而不觉日已渐暮。

——《无题文（四）》

原来，结果本无所谓有，无所谓无。如果专注于当下，过程中的每一瞬间都很旖旎，如果专注于未来，过程中的每一刻也都是宝贵的积蓄。

——《无题文（四）》

一年前，被嘲笑的是我；一年后，被赞美的也是我；一年中，破茧成蝶的更是我——

——《无题文（五）》

一年，很长很长，记录着酸甜苦辣，
一年，很短很短，因为爱上了出发。

——《无题文（五）》

她用针线把爱都收拢来，贴紧我们的身体。贴紧我身体的，还有外婆密密的手纹，那是她密密的爱。她总说，东西破了，别着急，慢慢补一补。这，是外婆的生活哲学。

——《慢的哲学》

五味调和，这是中国人关于味道的哲学。这老祖宗的哲学，在一个小小的社区，在一个小小的傍晚，氤氲着，发酵着，升华着……

——《社区的傍晚》

午后，窗台，俨然是个让回忆皴起涟漪的地方——
午后，窗台，真是一个让想象恣意生长的地方——

——《做一颗种子》

嗯，做一颗种子吧，我这样对自己说，让它一直充满柔荑的想象，一直怀揣花发的希望，一直拥抱蔚然的热诚。

——《做一颗种子》

我想象着，在怎样的聚光灯下，我怎样地酣畅了表演，又怎样地赢得了歆羡与赞美……

——《做一颗种子》

我坚信，小小的念头，成就了一颗小小的种子，也终会开出一抹小小的春色。

哦不，是一个大大的春天！

——《做一颗种子》

那一串一串的榆钱儿，串起了温暖的儿时记忆。

——《家乡的榆钱儿》

有时候我们不禁会问，生命的本真是什么？哲学家说是灵与肉的对抗，诗人说是日月星辰的变幻，而生活的真实不应该就是这样的吗？像这两位老者一样，平静而安详，波澜不惊却暗涌深流。

——《静静的幸福》

一直期待着，有一天我也可以身穿洁白的天鹅服，在舞台中央，拥抱我的梦想。

——《追逐梦想（升级版1）》

年幼的我不能彻底领悟，只是觉得，那句诗给了我某种力量，后来我才明白，那种力量叫作希望。带着几分懵懂甚至是莽撞，我第一次踏上了拥抱梦想的征途。

——《追逐梦想（升级版1）》

现在我明白了：梦想的距离便是手与心的距离，只要用心去改变，用双手去拼搏，梦想便可以紧紧拥入怀中。

——《追逐梦想（升级版1）》

放飞梦想，就是要让梦想长出坚强翅膀，飞出彷徨，冲出怅惘，在青春的天空中，搏击风雨，在生命的海洋中迎接风浪！

——《追逐梦想（升级版2）》

“秦筝吐绝调，玉柱扬清曲”，那朵美丽的音乐浪花，不是简单的宫商之调，角徵之音，而是用心倾诉的感情。

——《追逐梦想（升级版3）》

追忆曾经的付出，我突然发现，我爱上书法不是因为他笔走龙游的豪迈，不是因为它洒脱舒逸的豁达，而是在追逐梦想的过程中我明白了，那

些点点滴滴的付出，那些执着追求的细节，不但创造了文字的美，更见证着我的坚持，见证着我的不懈，而这，又何尝不是另一番美呢？

——《追逐梦想（升级版4）》

众里寻他千百度，蓦然回首，那梦就在平凡细微处……

——《追逐梦想（升级版4）》

突然发现，爱上戏不是因为它的声音婉转，也不是因为它的扮相唯美，而是在学习戏的过程中那些难忘的点点滴滴，那对戏的执着，那一份对文化的传承才是我终身受益的瑰宝。

——《传承一份戏韵》

渐渐地，华美的音符在屋中筑成了辉煌的宫阙，演绎出的五律也在谱上飘洒成片片雪花。

——《戏》

忆，美好而纯粹，漾进时光的泉，荡出旖旎的梦。

——《圆梦之路》

因为，那一丛紫鸢尾分明已经开进了我的心里，它既单纯又灿烂，既谦卑又勇敢，既豁达又奋进。

——《鸢尾花》

我知道，那一株玉簪花此刻也开在了我的心间——要让那日积月累的力量绽放美丽，要让那厚积薄发的坚守吐纳芬芳，要让那静水深流的执着凝聚生命的启悟……

——《玉簪花》

没有花，哪怕是将叶子开成花，也要实现一种理想，成就一个信念，这样的顽强，我却不及花。

——《一品红》

可谁知，那一年，你再也没有陪我看那涌动的麦浪。麦浪翻滚着，我的泪花也翻滚着，我终于明白了你那些未曾说出的话语，你希望我的成长如这麦子的成长，学会守候阳光，不喧嚣，不张扬，默默地让自己变得饱满，经历孤独的等待，经历风雨的洗礼，开出小小的麦花，孕育饱满的麦香。

——《守候阳光》

又是一年涌动的麦浪，我驻足凝望，因为在那里，我收获了一份温馨，守候了一片阳光。

——《守候阳光》

母爱如书，书中写着“谎言”，而我却读到了爱的真实。

您说谎了，而我并不拆穿，这小小的谎言里何尝不是最真实的爱呢?

——《母爱如书》

母爱如书，书里写着“唠叨”，而我却读到了爱的简明。

这絮絮叨叨的话语里，浸透的不正是最深沉而又最简明的爱吗?

——《母爱如书》

母爱如书，书里写着“沉默”，而我却读到了爱的最强音。

这沉默，难道不是爱的最强音吗?

——《母爱如书》

母爱似书，需要我们用心品读；母爱又不似书，因为书有读完的一天，而母爱却用永恒做注脚。

——《母爱如书》

小小的胡同，因为有了岁月的洗礼而变得厚重，却因为现代化的祖国而重新找到了年轻与活力。原来，小小的胡同，是我们幸福的缩影，更是新时代的缩影。

——《缩影》

翻开日记，那些文明的细节是一串串晶莹的珍珠，装点着这个古老而又崭新的城市。

——《文明的细节》

春天会逝去，而这个文明的细节却留在了我的心中：文明之举，更争春。

原来，文明的细节像一个个花瓣，用心拾起，便会春满人间！

——《文明的细节》

不知道为何爱上了诗，也许是因为诗，也许是因为你。与诗相伴的日子，那样沉静，那样温煦。

——《我的平仄生活》

诗，平平仄仄，诗的生活亦是平平仄仄。我想，这就是我爱诗的原因，爱你的原因吧。

——《我的平仄生活》

彼时的我读罢余秋雨《文化苦旅》中的鸣沙山，心中倏然升起一丝向往。

——《寻》

可就在那不含涟纹而极其款曼平适的波尖，又是一番怎样的撼人美景呢？

——《寻》

渐渐地，鸣沙山月牙泉，于我脑海中，于我心中，不再是雄奇一座黄沙山，不再是澄澈一泓清水泉，而是永恒存在的一份美好。

——《寻》

见，或者不见，已经不再重要。我想，人生很多时候也是如此吧。不必刻意追寻所谓的无限远方，也不必迫切追悔遗失的曾经美满。

——《寻》

只要心中留存着那一份牵念，留存着那一份真诚，留有一座永远寻不到却又早已寻到的“鸣沙山”，或许，那些难以挣脱的枷锁便在自然而然中解开，那人生的“月牙泉”也就透明而澄澈了。

——《寻》

游走在书法中，我渐渐懂得，一朵花的别样不在于其色彩的斑斓，不在于其形态的异样，只在于这朵花在与自我的抗争中，收获了一份从容与睿智，一份豁达与执着，这便是我，要开出这样一枝不一样的花朵。

——《开出不一样的花朵》

《诗经》用最浪漫的形式传达着最深沉的情感，好像一眼取之不尽、用之不竭的泉，汩汩而出，为中国文化注入了最原始而又最深远的力量。

——《重读经典》

站在历史的深处，经典重现，一字字，一句句，勾起美好的断想。

——《重读经典》

看，那雨雪霏霏中是多少归人的愁苦；听，那“无食我黍”的悲愤是多少百姓的心声。

——《重读经典》

重读《论语》，我突然发现，那个白发苍苍的孔圣人并非我印象中那个一板一眼、慢条斯理的“书儒”形象。为了实现“仁”的思想，他处处奔波，心急如焚；为了教育学生向善，他苦口婆心，甚至声嘶力竭。

——《重读经典》

原来，美好的音韵间并不只有愤世嫉俗的悲鸣，更有对黎民苍生的一

腔赤诚。

——《重读经典》

有人批评屈原过于消极，说他“多芳菲凄恻”之音，但是又有谁懂得，当屈子吟游江畔的时候，当他脸色憔悴抬头问天的时候，当他呐喊“众人皆醉我独醒”的时候，他以肉体的泯灭点燃了精神的火把，为后人照亮了一条通往理想世界的道行。

——《重读经典》

曾何时，你自认为有亘古不变的璀璨，能够散发光辉的睿智，然而今日只剩“萧萧风雨夜”中万籁俱寂与“惊梦复添愁”的悲情。

——《读书感悟》

曾记否？他在迷茫彷徨的境遇中尝尽忧愁之滋味，一腔愁绪却无法排遣，而寄托于“天凉好个秋”的感慨中，轻快而婉约含蓄。

——《读书感悟》

“左牵黄，右擎苍”的激情仍在，“转朱阁，低绮户”的思念仍在，只是这江上的清风与明月带给你几分豁然？几分成熟？几分睿智？那一刻的你，苏轼，是否真的“遗世而独立”呢？

——《回到那一刻》

那一刻，三十四岁的你，王阳明，逃过了刘瑾的追杀，听取了父亲的劝诫，孤身至此，你的人生在开始绽放别样的光彩。那一刻，会稽山中的花朵，是否依然“寂”于安然呢？

——《回到那一刻》

那一刻，郑板桥，你孕育出了最美的精神力量，你就是那“四时不谢之兰”，就是那“百节长青之竹”，就是那“万古不败之石”，就是那“千秋不变之人”！

——《回到那一刻》

翻开历史的那一页，李清照仍如此多愁善感，矜持端庄，她笔下流动的词，像涓涓溪水流进了我的生活，牵动着我的一颦一笑，影响着我的一言一行。

——《走进历史》

母爱不需要太多言语，得到它的人却已心领神会。

——《爱的背影》

那个背影，承载着多少岁月的洗礼，诠释着多少深深的爱意，凝聚着多少无悔的付出。突然想起了朱自清的名篇《背影》，原来，这背影已成为一种象征，让我们明白这就是爱的力量。

——《爱的背影》

凭着六月的风，我终将实现自己的理想，南冥也好，北海也罢，只要心到达的地方，其实都不是远方，而在脚下！

——《走在鱼的思想里》

我虽将诗句背得滚瓜烂熟，其意义依然不懂。什么孤烟、落日、白草这些大漠风物也只是朦胧，而家国悲壮则更模糊了。

——《就这样我爱上了它》

那些“萧萧班马鸣”，那些“黄鹂鸣翠柳”在一夜间都变成了不堪的聒噪。

——《就这样我爱上了它》

一句“曾经沧海难为水，除却巫山不是云”是多少深情的留恋；一句“人生若只如初见，何事秋风悲画扇”是多少无奈的叹息。“二十四桥明月夜”隐隐可见曾经的繁华，“巴山楚水凄凉地”细细诉说人事的坎坷。

——《就这样我爱上了它》

“白日依山尽”于简单的文字中透出季凌的智慧；“落霞与孤鹜齐飞”

于华丽的描摹中浸染子安的才情；“渭城朝雨浥轻尘”于清新的表达中寄寓摩诘的天赋。

——《就这样我爱上了它》

一路颠簸，一路畅想：到底是怎样的花色？怎样的清香？是否如张晓风笔下的那一株红莲，“半红未红，待香未香”？

——《朱槿花》

走过诗意朦胧的江南雨巷，不见它的踪影；走过雄奇瑰丽的云贵高原，不见它的踪影；走过精巧别致的园林，仍不见它的踪影……朱槿不应该生活在一个精致的角落吗？！

——《朱槿花》

然而我又惊疑：为何它选择在这样平凡的角落生长、开花？如果它能选择，还会甘于如此一隅吗？或者，是我们芸芸众生常常强加过多的意义于普通的自然物上？

——《朱槿花》

其实，对于一朵花，在哪里生长并不重要，因为花不在心外，而在心内。同样，对于一个人，如果蝇营追逐于某种美好，反而常不可得。相反，最美好的景致也许就在粗茶淡饭之间。

——《朱槿花》

“每叹芳菲四时厌，不知开落有春风。”细品李绅《朱槿花》中的这一句，极好。是啊，花也好，人也好，倘若常有春风，又怎会怕人间芳菲尽呢？

——《朱槿花》

所以，我们要感恩庄子，感恩古人的智慧给华夏的山水染上了层层绮丽。“子非鱼，安知鱼之乐？”一阵暖风带着那个声音滑过脸颊，像极了时光的熨斗，熨平了心灵的褶皱。

——《濠梁水》

年年岁岁花相似，岁岁年年人不同。在时间与空间的坐标里，谁又能真正看破？人生代代无穷已，江月年年只相似。在物质与精神的博弈中，谁又能真正超脱？爱恋也好，愁思也罢，无非是那花开花落、月圆月缺，是洪荒与无涯里的那一刹那。

——《春江花月夜》

月，任他圆缺去吧；花，任他开落去吧。江的尽头是海，夜的尽头是光！

——《春江花月夜》

一路迤逦而来，多少旖旎风景。回想起我爱学习爱读书，从仅仅为了获得知识的快乐到如今争名争分，忽然哑然失笑。再回想起那多少个认真温习的夜晚，也觉得并没有什么值得遗憾、值得叹息的地方了。

——《茶道》

茶之味变化万千，却总归是朴素的。很多时候，我们奢求的太多，往往不会去注意沿途的美丽景致，而到达了目的地时却会觉得怅然若失。

——《茶道》

也许没有什么绝对的目的地，沿途即是目的地，行走即是到达。

茶是道，学习又何尝不是呢？

——《茶道》

把盏一杯香茗，任丝丝幽香冲淡浮尘，沉淀思绪，体会人生。让其香润泽心灵，让其味超尘脱俗。品茶亦是品谈人生。

——《茶悟》

有时我想，生活和茶一样，最好不要滴滴香醇，否则反倒无味了。有苦才有甘，有清才有醇，也许这是茶的艺术，也是生活的艺术吧。

——《茶悟》